오키나와에서
일주일을

오키나와에서 일주일 후...

영화 〈8일째 매미〉가 엔딩을 맞을 즈음, 이들의 대화는 다음과 같이 비약된다. '7일을 살고 죽는 매미보다 8일을 사는 매미가 불행하다고 했지? 하지만 8일을 사는 매미는 다른 매미들이 보지 못했던 것을 8일째에 볼 수 있지 않을까? 8일째 보게 되는 것이 무척 예쁜 걸지도 모르잖아?'

8일째 아침, 여행지에서 으레 그러하듯 아침 일찍 눈을 떴다.
일주일 일정으로 여행을 떠났다면 7일째 밤에 한국에 도착하는 것이 나을까, 아니면 하루를 더 지나 8일째에 도착하는 것이 나을까? 나는 기꺼이 '8일째 매미'를 선택하기로 했다. 7일째 밤에 도착할 경우 여행의 마지막 날 밤 여행지에서 혼자 외로워하지 않아도 되겠지만 외로움을 견뎌내고 다시 8일째 아침을 맞으면 또 다른 예쁜 것을 보게 될 걸로 나는 믿고 싶었다. 나는 덤으로 주어진 8일 째의 아침을, 미처 보지 못하고 지나쳤을 예쁜 것들을 찾아내기 위해 바지런을 떨 계획이었다. 마침 비행기 출발시간까지는 꽤 많은 시간이 남아있었으므로 나는 미리 꾸려놓은 짐을 호텔 카운터에 맡겨 두고는 작은 디카를 둘러메고 숙소를 나섰다.

Okinawa Prefecture
沖縄県

Miyako Islands
宮古諸島

Yaeyama Islands
八重山諸島

Miyako
宮古島

Iriomote
西表島

Ishigaki
石垣島

오키나와에서 일주일을

ⓒ윤정수 2012

초판 1쇄 인쇄 2012년 10월 26일
　　2쇄 발행 2014년 1월 11일

글 사진 윤정수

펴낸곳 도서출판 가쎄 [제 302-2005-00062호]

주소 서울 용산구 이촌동 302-61
전화 070. 7553. 1783
팩스 02. 749. 6911
인쇄 정민문화사

ISBN 978-89-93489-26-2

값 12000원

이 책의 판권은 지은이와 도서출판 가쎄에 있습니다.
이 책 내용의 전부 또는 일부를 재사용하려면 반드시 양측의 서면동의를 받아야 합니다.
www.gasse.co.kr

오키나와에서 일주일을

gasse•가쎄

오키나와에서 일주일을

여행의 시작	13	오키나와, 배타고 갑니다.
첫째 날	27	총천연색 아열대의 섬, 오키나와
둘째 날	71	영화 '메가네'의 섬, 요론지마
셋째 날	105	낭만적 항구도시, 이시가키
넷째 날	137	'니라이카나이로부터 온 편지', 다케토미
다섯째 날	169	'루리의 섬', 하토마지마
여섯째 날	199	일본의 끝에서, 요나구니지마
일곱째 날	231	다시, 오키나와
마지막 날	261	여덟째 날의 아침

오키나와를 배경으로

모토부지마 — 드라마 '닥터코토진료소'

드라마 '루리의 섬'

드라마 '파라유시 선생, 참...'

하토마지마

영화 '남쪽으로 튀어'

이리오모테지마

고하마지마

아...

다케토미지마

영화
드라마

하테루마지마 — 드라마 '오늘도 맑음, 남...

화·드라마 촬영지 Map

- 영화 '할머니의 사랑'
  토나키지마

- 영화 '메가미'

- 영화 '호텔 하이비스커스'

- 영화 '태양은 반짝반짝'

- 오키나와

- 영화 '팔월의 카리유시'

- 영화 '눈물이 주룩주룩'

- 영화 '체케랏쇼!'

- 미야고지마

- 영화 '심호흡이 필요해'

- 영화 '군아식쿠테'

~가나다로부터 온 편지
~들의 메리 크리스마스
~ 이야기

여행의 시작 - 오키나와, 배 타고 갑니다.

2011년의 후쿠시마 지진과 방사능 유출로 일본을 찾는 여행자가 급격하게 줄었다고 한다. 이제 동경이나 오사카 같은 일본 본토를 여행하기 위해서는 비행기 티켓과 함께 대단한 용기까지도 지참해야 할 판이다. 하지만 우리나라와의 지리적 가까움과 정서적 문화적 공통분모 탓에 일본을 여행 리스트에서 단박에 제외하기에는 또 아쉬움이 남는다. 일본 본토를 여행하기에는 뭔가 불안하지만 그래도 일본은 가보고 싶은 여행자들에게, 본토와 지리적으로 많이 떨어진 탓에 심리적 불안감을 덜어주는 삿포로와 오키나와는 좋은 대안이다. 눈의 고장 삿포로가 "오겡끼데스까?"로 기억되는 영화 〈러브 레터〉와 〈철도원〉의 촬영지로 우리에게 깊이 각인 되었다면, 오키나와 역시 〈눈물이 주룩주룩〉〈안경〉 등의 영화를 찍은 아열대 섬으로 일본 본토와는 또 다른 이국적 정취를 만끽할 수 있기 때문이다. 오키나와는, 사이판이나 괌 등과 비견되는 눈부신 바다를 가진 따뜻한 남쪽 섬이지만 엄청나게 비싼 항공요금 때문에 그동안 우리나라 여행자들이 외면해온 게 사실이다. 어쩌면, 후쿠시마 방사능 유출에 대한 우려로 항공료가 많이 저렴해진 지금이야말로 오키나와를 여행할 수 있는 최적기일지도 모른다.

오키나와는 섬이기 때문에 당연히 배로도 갈 수 있다. 물론 2시간 20분 쯤 걸리는 비행시간에 비해 훨씬 더 많은 이동시간이 소요되지만 배타기를 좋아하는 낭만적 성격의 소유자거나 비교적 시간이 여유로운 배낭여행객이라면 충분히 고려해 볼 만하다. '배를 탄다'는 말은 비행기를 탄다는 말보다 한결 낭만적이면서 여유롭게 들린다. 꼭 '타이타닉'이나 '퀸 엘리자베스 2호' 같은 초호화 유람선이 아니더라도 크루즈 선을 타고 바다를 항해하는 건 대부분의 사람이 꿈꾸는 환상적인 여행일 것이다.

어릴 적부터 배가 등장하는 영화를 꽤 좋아했던 기억이 난다. 다섯 살 때였던가? 어머니와 이모를 따라 영화를 보러 갔다가 푸른 바다를 배경으로 하얀 범선이 나오는 장면을 보고 박수를 치며 좋아했는데, 알고 보니 그건 본영화가 아니라 예고편이었다. 배가 나오는 장면이 금방 사라지고 온통 우중충한 화면이 스크린을 가득 채우자 어린 나이에 철없이 울음을 터트리며 집에 가자고 떼를 썼던 기억이 아직도 내 머릿속에 남아있다. 세월이 흘러서 우중충한 기차만 나오던 그 영화가 몽고메리 클리프트와 제니퍼 존스 주연의 명화 〈종착역〉이었단 사실을 알고는 헛웃음을 짓기도 했다.

내가 중학교에 다닐 무렵에는 전교생이 단체로 영화를 관람하곤 했다. 이 단체관람 중에 아직도 기억이 생생한 영화가 있는데, 로드무비의 성격을 띤 〈멀고 먼 푸른 바다〉라는 다큐멘터리 영화였다. 알래스카의 미군기지 근처에서 부상을 입은 폴리네시아계 소년이 발견된다. 그런데 이 소년이 병원에서 치료 중에 사라져 버린다. 소년은 작은 쪽배를 타고 오직 본능에 의지해 고향인 폴리네시아 섬으로 돌아가려고 거센 파도를 무릅쓰고 바다를 가로지른다. 그래서 결국 소년이 고향에 도착하면서 영화가 해피엔딩으로 끝났는지는 기억나지 않지만, **"소년은 이 물고기가 독이 있는 물고기인지 먹을 수 있는 물고기인지는 본능적으로 잘 알고 있다."** 라는 영화 속 내레이션은 수십 년이 지난 지금도 또렷하게 뇌리에 남아 있다.

기억에 남아있는 또 다른 단체관람 영화는 〈티코〉이다. 타히티에 사는 소년 티코는 부자관광객들이 타고 오는 크루즈가 섬에 들어올 때마다 부두에 나가 그들을 바라보는 게 하루 일과다. 어느 날, 크루즈에 탄 한 백인 소녀가 머리를 빗다가 빗을 바다에 빠트린다. 티코가 바다에 뛰어들어 이 빗을 찾아주게 되고, 이 사건을 계기로 소년과 소녀는 인종과 신분을 뛰어넘어 친구가 된다. 그러던 어느 날, 티코가 해변에 밀려온 어린 상어를 구해주면서 티코와 상어는 남모를 교감을 나누게 된다. 티코와 백인 소녀는 어느덧 늠름한 청년과 예쁜 처녀로 성장하고 상어 역시 커다랗게 자란다. 백인들이 쳐놓은 탐욕스런 그물에 걸린 상어는 곤경에 빠지고, 티코와 백인 소녀는 상어를 구하기 위해 바다로 뛰어드는데…. 이 영화〈티코〉역시 수십 년이 지난 영화라 내 기억의 한계와 오류가 있을 수 있지만, 아름다운 타히티 바다와 해변의 모습은 지금도 내 머릿속에 고스란히 남아 있다. 스티븐 스필버그 감독의 영화〈죠스〉가 나오기 한참 전이라 소년과 상어 사이의 우정이라는, 지금 생각하면 말도 안 되는 상황설정에 대해 그땐 한 치의 의문도 품지 않았던 것 같다. 내 어릴 적의 추억을 간직하고 있는 이 두 편의 영화를 찾아보려고 무던히도 인터넷 검색을 해보았지만, 검색을 하는 내 능력에 한계가 있는 건지 아직도 이 두 영화의 흔적조차 찾을 수 없어서 너무나 안타깝다.

배를 타고 오키나와로 들어가는 방법은 여러 가지가 있다. 먼저 부산에서 '팬스타'를 타고 오사카로 간 다음 다시 고베에서 오는 크루즈 선으로 갈아타고 오키나와로 가는 방법이 있다. 애초에 이 루트를 이용하려고 계획을 세웠지만 부산~오사카 구간을 제외해도 38시간이나 걸리는 시간 때문에 아쉽지만 포기할 수밖에 없었다. 동경에서 출발하는 크루즈는 한술 더 떠서 45시간이나 소요되는 탓에 애초에 염두에 두지도 못했다. 세 번째 방법으로는 가고시마에서 출발하는 크루즈를 타면 되는데 비교적 짧은(?) 25시간 정도가 소요된다. 인천항에서 중국의 칭따오를 갈 때나 평택항에서 위하이를 갈 때 크루즈를 타고 이동을 해보았기 때문에 장거리 배 여행이 낯설지 않을뿐더러 황혼 무렵의 바다와 밤바다는 물론 동틀 무렵의 바다까지 볼 수 있다는 낭만적 욕구 때문에 난 결국 두려움 없이 가고시마~나하 크루즈 여행을 선택했다. 가고시마는 우리에게 프로야구단의 전훈지로 잘 알려진 곳이다. 가고시마에서 오키나와로 가는 크루즈선은 '마릭스 라인'과 '마루에 훼리'라는 2개의 선박회사가 운항하고 있는데 회사마다 4일 간격으로 운항한다. 탑승객의 입장에서 보면 엿새에 네 번꼴로 배가 있는 셈이다. 예를 들어 마루에 훼리가 3월 4일과 8일에 출발하면 마릭스는 3월 5일과 9일에 출발하는 식으로 두 회사의 크루즈 선이 운항한다.

내가 탄 크루즈 선이 정확히 오후 6시에 가고시마를 출발했다. 배 이름이 '아케보노 호'였는데, 하와이 출신의 스모 선수 아케보노와 이름이 같다는 것을 알고 나자 괜히 배가 좀 더 커 보이기까지 한다. 인천~칭따오나 평택~위하이를 오가는 크루즈의 분위기가 다소 질펀하면서도 시끌시끌한, 좋게 말해서 인간적인 느낌이 묻어났다면 가고시마~오키나와 크루즈는 일본 특유의 차분하면서도 조용한 분위기가 강했다. 객실 안에는 정갈한 느낌의 개인 침상이 가지런히 놓여 있는데 승객 대부분은 이 침상에 누워서 책을 보거나 일찌감치 잠을 청하고 있었다.

객실을 빠져나와 중앙로비로 들어섰다. 영화 〈타이타닉〉에서 본 호화로운 로비는 아니지만 꽤 넓고 고급스러운 느낌의 로비가 눈에 들어왔다. 아직 초저녁이었기 때문일까. 승객들로 붐빌 것이라던 내 예상과는 달리 몇몇 승객들만이 TV 앞에 모여 있을 뿐 로비는 한산하다. 로비 옆에는 제법 번듯한 레스토랑이 있는데 돈가스 생선조림 샐러드 미소국 등 먹고 싶은 음식을 골라 담아서 한꺼번에 계산하는 방식이다. 한국에서 먹던 습관대로 생선구이 샐러드 같은 반찬 몇 가지와 미소 국을 골라 계산대로 가져가니 970엔! (약 13,000원) 숙박비나 교통비가 비싼 일본여행에서 줄일 수 있는 거라고는 식비밖에 없는데 시작부터 차질이 생겼다. 트레이에 담아온 반찬들을 다시 제자리에 가져다 놓기도 민망해서 울며 겨자 먹기로 이번 한 번만은 럭셔리한 식사를 하기로 했다.
레스토랑 내부는 꽤 고급스럽다. 꼭 이 식당의 메뉴를 주문하지 않아도 누구나 이용할 수 있고 식사시간이 끝나면 승객들의 휴게실로 변하는 공간이다. 밤이 이슥해지자 TV 앞에 모여 있던 승객들마저 하나둘 잠을

청하러 객실 안으로 들어가 버리고, 어느새 나 혼자 덩그러니 남겨졌다. 이 커다란 배에 깨어있는 사람이 나 혼자라고 생각하니 조금 무섭기도 했지만 모처럼 찾아온 고독을 만끽하고 싶은 생각에 난 객실로 들어가지 않고 아침이 올 때까지 로비에서 버티기로 했다.

새벽 5시가 조금 지나자 고요하던 배 안이 다시 술렁이기 시작한다. 첫 기항지인 아마미 제도의 '나제항'에 도착한 것이다. 갑판으로 나와 보니 제법 굵은 빗줄기가 흩날리고 있고 아직 깜깜한 항구의 흐린 불빛 사이로 부지런히 움직이는 사람들과 차들이 눈에 들어온다. 가고시마에서 열린 축구대회에 참가하고 돌아가는 길인지 축구공을 한 아름 둘러맨 트레이닝복 차림의 중학교 축구부원들이 우르르 '나제항'에 내리고 나자 배는 다시 오키나와를 향해 내달린다.

아침 9시가 조금 넘자 배가 도쿠노시마의 '카메도쿠항'에 도착하고 몇 명의 승객들이 오르내린 다음 배는 비가 막 그치고 햇살이 쏟아지기 시작한 바다로 나아갔다.

아침 식사를 하느라 레스토랑을 오가던 승객들이 다시 선실로 들어가자 로비는 다시 고요해진다. 로비에는 커다란 TV 모니터가 하나 놓여 있었고 무료한 승객들이 지나가면서 차례로 채널을 이리저리 돌리곤 했다.

마침 TV에서는 스모 경기가 벌어지고 있는데 스모에 열광하는 일본인 승객들이 그걸 놓칠 리 없다. 밭다리후리기를 위시한 우리나라의 화려한 씨름 기술에 비해 스모의 밀치기는 너무 밋밋하다고 생각해왔기에 애당초 스모라는 운동에 별 관심이 없었는데 시간을 때우기 위해 어쩔 수 없이 계속 지켜보다 보니 스모도 나름 꽤 재미있다고 느껴졌다. 모래판의 심판 복장이나 부채 등의 디테일도 눈에 띄고 경기 시작 전의 화려한 의식도 시각적인 볼거리를 제공해 주기에 충분하다. 무엇보다 몽골, 불가리아, 러시아 등의 외국인 선수들이 최고 등급인 요코즈나에 도전하고 있단 사실이 놀랍다. 이 배의 이름과 같은 하와이 출신의 아케보노가 바로 외국인 요코즈나 시대의 문을 연 장본인이다. 우리나라의 씨름도 외국선수들에게 문호를 개방해서 또 다른 한류를 이끌면 얼마나 좋을까 생각할 즈음 배는 다음 기착지인 오키노에라부 섬의 '와도마리항'에 도착했다.

오후 1시 40분. 배가 오키나와 본섬에서 불과 23km 떨어진 요론지마에 도착할 무렵부터 바다 색깔이 완연하게 달라졌다. 남국의 섬에서나 볼 수 있는 에메랄드빛 요론지마의 물색을 보자 새삼 오키나와가 가까워졌음을 실감하게 된다. '요론항'의 선박 접안구역 옆 바다에는 특이하게도 커다란 암초가 몇 개 돌출되어 있는데 검은 바위와 짙푸른 바다 물색이 어우러져 묘한 신비감까지 안겨준다.

그로부터 정확히 이틀 뒤, 난 이 암초를 다시 보게 된다.

요론지마를 출발한 '아케보노 호'가 이제 코앞에 다가온 오키나와 본섬을 향해 마지막 안간힘을 쓰고 있다. 본섬 오른편으로 마치 뾰족한 갓을 쓴 것 같은 모양의 이에지마가 나타나고 배는 두 섬 사이를 비집고 오키나와 북부 기착지인 '모토부항'으로 접근한다. '예정대로라면 오후 7시 도착인데 지금이 5시니까 1시간은 빨리 왔나 보다.' 오키나와 북부의 모토부항에서 나하 신항까지 기껏해야 1시간이면 되겠지 싶어 선실에서 미리 짐을 꺼내 놓고 기다렸지만, 배는 좀처럼 도착할 기미가 보이지 않는다. 알고 보니, 오키나와 본섬은 남북 길이가 100km가 넘을 정도로 기다란 섬이기 때문에 북부 기착지인 모토부항에서 남쪽 끝인 나하 신항까지의 운항시간만 거의 2시간이 걸리는 터였다. 그럭저럭 날이 제법 어둑어둑해지고 배 왼편으로 보이는 오키나와 본섬에도 하나둘씩 불이 켜지기 시작한다. 어느새 대부분의 탑승객이 하나둘씩 갑판 쪽으로 몰려나와 있는데 점점 몽환적으로 변해가는 오키나와의 불빛을 지켜보느라 다들 반쯤 넋이 나가 있다. 비행기를 타고 2시간여 만에 도착할 수 있는 곳을 꼬박 하루가 넘게 에둘러 온 것에 대한 근거 없는 성취감이 서서히 몰려온다. 나는 팔을 뒤로 젖혀 크게 심호흡을 했다. 저녁바람에 실려 온 향긋한 남국의 꽃향기가 내 코끝을 간질이고 있다.

이제 시작이다.

첫째 날: 총천연색 아열대의 섬, 오키나와

"오키나와는 좋은 곳 언제든지 어서 와 아와모리(오키나와 소주)도 맛있고 바다도 아름답다."
- 밴드 'Mongol 800' 의 노래 '아사토야 윤타' 중에서

오키나와 여행의 시작점, 고쿠사이도리

꼬박 25시간을 달려온 아케보노호는 저녁 7시경 오키나와의 나하 신항에 도착했다. 숙소를 예약해 놓지 않았기에 민박집에서 나온 호객꾼들과 협상 끝에 오키나와 여행의 시작점이랄 수 있는 고쿠사이도리(국제통길)의 '토마리야' 라는 민박집을 골랐다. '토마리야' 는 유 - 레루(모노레일) 노선의 마키시 역 부근에 있는 4층 건물의 아담한 민슈쿠(민박집)였다. 숙식에서 식사가 빠진, 오직 숙박 개념인 '소박' 가격이 3,000엔으로

그나마 고쿠사이도리 구역에서는 거의 최저가에 해당하는 요금이다. 작고 조촐하지만 있을 건 다 있는 깨끗한 방과 아이리와 아이카라는 이름의 한 살 터울난 주인집 두 꼬마 때문에 호객꾼을 따라나선 셈 치고 나는 '토마리야'가 꽤 맘에 들었다. 미리 호텔을 예약하고 갈 형편이 안 되는 배낭여행자의 경우 아무래도 현지에 도착해서 숙소를 구하는 문제가 가장 신경 쓰이기 마련이다. 동남아 여행의 가장 큰 장점 중의 하나가 저렴한 숙소임에 반해, 일본여행의 가장 큰 난제는 비싼 숙박비이다. 태국이나 라오스 캄보디아 등지에서는 약간의 불편만 감수하면 1박당 5~10달러 선에서 충분히 숙소(주로 게스트 하우스)를 고를 수 있지만 일본에서는 최하 3,000엔(45,000원 정도)이 든다. 하지만 고쿠사이도리의 메인 로드가 아닌 이면도로를 조금만 걷다 보면 **1박당 1,500엔**이라고 쓴 푯말들을 쉽게 발견할 수 있다. 1,500 엔은 여러 명이 한 방을 사용하는 도미토리 요금을 말하는 것이지만 부지런히 발품을 팔면 2,000~2,500엔 정도에 화장실 딸린 개인실을 구하는 것도 어렵지만은 않다. 고쿠사이도리의 이면도로인 뉴 파라다이스 로드를 지날 때 작은 풀숲 옆에 놓인 '월광장'이라는 이름의 게스트하우스 푯말이 눈에 띄었는데, 달빛이라는 이름에 어울리는 예쁜 푯말이 인상적인 숙소였다. '월광장' 역시 1박당 1,500~2,000엔의 저렴한 요금으로 가난한 배낭여행자들을 유혹하고 있었는데 아마도 달빛이라는 이름이 주는 낭만적 기대치 때문에 이곳을 찾는 여행자들이 꽤 될 것 같았다. 밤이면 창문을

旅人の宿

098-926-2266

통해 휘영청 밝은 달빛이 방으로 마구 쏟아지는 낭만 만점의 숙소, 하지만 이미 '토마리야'에 짐을 풀었기 때문에 **'월광장에는 아마 바퀴벌레가 나올지도 몰라!'** 라는 마치 이솝우화에 나오는 신포도 같은 생각을 하며 나는 쓰라린 가슴을 달래기로 했다. 아무튼 숙박요금 비싸기로 유명한 오키나와도 사람 사는 곳이기는 매한가지이기 때문에 직접 부딪혀 보면 의외로 싸고 깨끗한 숙소들을 구할 수 있다.

오키나와 본섬은 면적이 약 1,434㎢로 제주도에 비하면 약 4/5 정도 된다. 하지만 제주도가 타원형인데 반해 오키나와 본섬은 남북으로 약 108km 정도 길게 뻗어 있기 때문에 남쪽 끝의 나하시에서 북쪽 끝까지는 차로 약 4~5시간이 소요될 정도로 이동거리가 만만치 않다. 게다가 노선버스를 이용해서 장거리를 이동하기에는 버스체계가 조금 복잡하다. 오키나와 여행의 출발점은 아무래도 국제공항이 있는 나하시가 될 것이다. 오키나와를 찾는 대다수 관광객들은 나하를 중심으로 서북쪽 해안에 자리 잡은 호텔에 머물면서 **슈리성 만자모 추라우미 해양수족관** 등을 관람하게 된다. 나하의 중심부라고 할 수 있는 고쿠사이도리는 태국의 카오산 로드처럼 전 세계에서 날아온 배낭여행자들의 메카 역할을 한다. 그렇다고 고쿠사이도리가 카오산 로드처럼 온통 외국인 천지는 아니다. 오히려 일본 관광객들과 수학여행을 온 학생들이 거리를 가득 메우곤 한다. 고쿠사이도리는 오키나와 현청 입구에서 시작하여 마키시역 즈음에서 끝나는데 메인 로드는 슬슬 주위를 구경하며 걸을 때 약 30분 정도면 다 볼 수 있을 정도로 그리 큰 지역은 아니다. 어과자 어전, 문화옥 잡화점 같은 대형 체인점들은 주로 고쿠사이도리가 시작되는 입구 쪽에 몰려있고 의류나 작은 기념품, 특산물을 파는 잡화점들은 입구부터 길이 끝나는 마키시역까지 오밀조밀 모여 있다. 일본 사람들은 '오미야게 문화'라고 해서 여행이나 출장을 다녀올 때는 그 지역의 특산품이나 과자 등의 작은 선물을 챙겨 와서 주위 사람들에게 나눠주는 관습이 있다고 한다. 그래서인지 대형 과자점들은 항상 관광객들로 인산인해를 이룬다. 주로 붉은 고구마 등으로 만든 과자나 작은 빵이 선물용으로 많이 팔리는데 일본 특유의 섬세하고 화려한 포장문화가 판매에 일조하는 것 같다. 이외에도 류큐 왕국의 수호신 격인 시사(Shisa)를 형상화한 기념품이나 티셔츠도 인기를 누리고 있다. 시사는 우리나라의 해태와 비슷한 모양을 하고 있는데, 해태가 조금 근엄한 인상이라면 시사는 귀여운 느낌을 준다. 격투기 선수인 밥 샵이 얼핏 보기에는 엄청나게 무서운 인상이지만 방긋하고 웃을 때는 해맑고 귀엽게 느껴지는 것처럼, 시사는 무서운 사자를 형상화했지만 알고 보니 허점이 많은 허당 사자 같아 보여서 꽤 정감이 간다. 시사는 입을 다문 암 시사와 입을 크게 벌린 수 시사로 나뉘는데 암 시사는 액운을 막고 들어온 복을 지키는 역할을 하는 반면 수 시사는 복을 받아들이는 역할을 한다고 한다.

아침 산책, 나가이 산뽀

나하는 산책을 하기에 참 좋은 도시다. 오다기리 조가 나오는 영화 〈텐텐〉에서는 **"특별한 목적이 없이 걷는 것을 '산뽀' 라고 한다."** 라고 자못 산책에 관한 명쾌한 정의를 내려놓았다. 무라카미 하루키의 〈하루키의 여행법〉을 보면 '고베까지의 도보여행' 이라는 챕터가 나온다. **"내친김에 니시노미야까지 갔다. 니시노미야에서 고베까지는 지도에서 보면 15km 정도의 거리가 된다. 결코 가까운 거리는 아니지만 걷는 데는 자신이 있고, 걸어서 가는 데 고생할 정도로 먼 거리도 아니다."** 얼핏 〈텐텐〉의 산책과 하루키의 도보여행법이 서로 뒤바뀐 느낌도 든다. 오다기리 조가 미우라 도모카즈의 추억여행에 동참해서 도쿄 시내를 며칠 걸려 돌아다닌 것은 제법 긴 도보여행일 것이고, 무라카미 하루키의 15km 도보여행은 여행이라기보다 나가이 산뽀(긴 산책)에 해당하기 때문이다. 아무튼, 도보여행이건 긴 산책이건 처음 간 여행지에서 특별한 목적 없이 홀가분한 마음으로 동네를 걷는 건 유쾌한 일임이 분명하다.

가고시마에서 나하까지 25시간 동안 배를 타고 오면서 거의 잠을 못 잔 터라 대충 저녁을 먹고 내처 잠에 빠져들었다. 아침 8시경 눈을 뜨자마자 난 고쿠사이도리 주변지도 한 장과 작은 디카만 손에 든 채 아침 산책을 나섰다. 여행지에서의 경험상 아침 산책은 처음 도착한 도시의 민얼굴을 살펴보기에 최적의 기회를 제공해 준다. 별다른 환락가가 없는 고쿠사이도리에서 그래도 유흥가라고 부를 수 있는 용궁통 거리 옆길에 숙소가 있었기 때문에 나의 아침 산책은 간밤의 화려한 화장을 지우고 난 부스스한 민얼굴의 고쿠사이도리와 맞닥뜨리는 것부터 시작되었다. **어젯밤에는 눈치 보느라 카메라를 들이대지도 못했던 유흥가의 모습들이, 체념한 듯 카메라 앞에서 스스로 포즈를 취해준다. 화려했던 네온사인은 아침 햇살에 온몸을 드러낸 채 어젯밤의 기고만장함을 한껏 후회하고 있다. 밤새워 흥청거린 증거인 길가의 술병들이 지난밤의 낯 뜨거운 기억들을 말갛게 잊어버리고 서로 생경한 얼굴로 내외한다.** 용궁통 거리에서 큰길을 건너 설렁설렁 내려가면 고쿠사이도리에서는 그래도 고층건물에 속하는 미츠코시 백화점이 나온다. 물론 문이 열리려면 아직 한참을 기다려야 한다. 몇 발자국 더 내려가면 무츠미바시 삼거리가 나오는데, 여기서 스타벅스를 끼고 오른쪽으로 꺾어지면 모노레일 미에바시 역으로 이어지는 큰 도로가 나온다. 대형주차장 터와 벤또 집을 지나 작은 사거리에서 왼쪽으로 길을 건너면 요즘 새로이 부상하고 있다는 뉴 파라다이스거리가 눈에 들어온다. 새로이 부상하고 있다고 해서 별달리 큰 볼거리가 있는 것은 아니다. '새로운 천국'이라는 이름이 무색할 정도로 조용하고 수수한 거리 모습에 조금 실망할 수도 있지만 꼼꼼히 거리를 관찰해 보면 한 블록 옆의 고쿠사이도리와는 분명히 다른 모습을 발견할 수 있다. '툭툭' '사웅파울로' 같은 이국적인 이름을 한 작고

큐티한 가게를 위시해서 하얀색 목조로 된 이층 가도 집과 알록달록한 인도풍 소품가게 등이 이국적인 느낌을 강하게 풍겨온다. 이를테면 고쿠사이도리 속의 진정한 국제거리라고도 볼 수 있을 것이다. 그리고 보면 다소 생뚱맞은 느낌의 태국 마사지 집이 자리하고 있는 것도 일면 수긍이 간다. 길 오른편으로는 꽤 무성한 나무숲으로 덮여 있는 미도리가오카 공원이 미에바시역을 향해 길게 누워 있었는데 역으로 통하는 지름길이라도 있는지 출근 복장을 한 젊은 남녀들이 공원을 가로질러 바삐 오간다.
얕은 언덕길을 빠져나와 다시 메인 로드로 접어들었다. 여기서부터는 또 다른 유흥가가 시작된다. 그렇다고 용궁통길 같은 주점 밀집지역은 아니고 대신 오키나와 향토요리 전문점인 '하테루지마'나 오키나와 전통주 아와모리 전문가게인 '오키나와야' 같은 대형 식당과 가게들이 몰려있는 정도다.

오키나와야 앞에는 얼굴 부분만 뚫린 오키나와 전통복장을 한 남녀 입간판이 세워져 있는데 어느새 거리로 나온 관광객들이 얼굴을 디밀고 기념사진을 찍고 있었다. 오키나와 전통복장은 주로 노란색이나 분홍색 바탕에 꽃, 새 등의 무늬를 수놓은 소박한 듯싶으면서도 은근히 화려한 것이 그 특징이다. 흔히 우리가 아는 일본 전통복장인 기모노와 전체적인 실루엣은 비슷하지만 붉은색의 긴 옷깃이나 보라색 천을 허리춤에 차는

(남자들이 머리에 두르면 두건이 되기도 한다.) 등의 소소한 디테일에서는 꽤 차이가 있다. 얼핏 사극에 나오는 신라나 백제 시대의 우리나라 전통복장과 닮았다는 느낌도 든다.

입간판을 지나 조금 더 걸어 내려가자 아기돼지 형상의 화려한 네온사인으로 유명한 문화옥 잡화점이 나타났다. 고쿠사이도리의 수호신 역할을 하는 돌 시사 앞에서 건널목을 건너면 기념품점인 '오키나와야' 머리 간판에 **고쿠사이도리 입구**라는 글씨가 새겨져 있는 것을 볼 수 있을 것이다.

오키나와를 배경으로 한 영화 〈눈물이 주룩주룩〉에서 요타루(츠마부키 사토시 분)와 카오루(나가사와 마사미 분)가 케이코(아소 구미코 분)를 처음 만나는 장면의 배경이 바로 이 고쿠사이도리 입구 간판 앞이다. 다시 고쿠사이도리 중심부를 향해 걸어 들어갔다. 음료수를 사러 들어간 편의점에서 **오키나와 시장 산책**이라는 작은 책자를 하나 샀다. 제일 무카시 공설시장뿐 아니라 노렌시장, 사카에초시장을 비롯해서 오키나와의 재래시장들을 모아놓은 가이드북이었는데 오후에는 이 책자를 들고 재래시장들을 둘러볼 요량이었다. '남국시장' 이라는 기념품점 앞에서는 수학여행을 온 것이 분명한 교복차림의 여학생 몇이 기념품을 고르기에 여념이 없다. 여학생들의 머리에 꽂힌 붉은 하이비스커스 꽃이 아침 햇살을 받아 눈부시게 빛나고 있었다.

"샌프란시스코에서는 머리에 꽃을"

1970년대 히피문화의 본산이었던 샌프란시스코에서 요즘도 머리에 꽃을 꽂은 채 돌아다니는 사람들이 있는지 모르겠지만 나는 머리에 꽃을 꽂고 돌아다녀도 하나도 이상하지 않을 만큼 충분히 자유스럽고 열정적이다. 점점 사람들로 붐비기 시작하는 메인 로드를 비켜나 우키지마도리로 접어들었다. 우키지마도리는 메인 로드의 가게들과는 달리 좀 더 개성 있고 고급스러운 느낌의 작은 부티크 숍들로 이루어져 있었다. 얼핏 도쿄의 다이칸야마 같은 느낌이 든다고나 할까? 메인 로드의 대중적인 가게들과 다르다는 자존심 때문인지 우키지마도리의 가게들은 아직 일어날 채비도 하지 않고 있었다. 아기자기한 부티크 옷가게들 사이로 작은 수제 가죽 공방이 눈에 들어왔다. 이 가죽 공방 유리 진열장에는 오키나와 전통문양을 한 수제 카메라 스트랩들이 일렬로 주욱 걸려 있는데 그 밑으로 샘플 스트랩을 매단 니콘의 필름카메라가 하나 놓여 있다. 영화 〈매디슨 카운티의 다리〉에서 클린트 이스트우드는 니콘의 필름카메라를 사용했는데 이 카메라는 며칠 동안의 사랑을 영원한 사랑으로 승화시켜 주는 그가 메릴 스트립에게 남겨주는 마지막 유품이기도 하다. 여행 마지막 날 행여 돈이 남아있으면 저 스트랩을 사러 다시 이곳으로 와야지 하는, 가능성이 별로 없을 약속을 내심 해보며 나는 햇살이 환히 쏟아지는 우키지마도리를 천천히 거슬러 올라갔다.

츠보야 도자기 거리

우키지마도리는 고쿠사이도리의 중심부인 시장 중앙통길과 만나는데 이 사거리 오른편은 또다시 '신천지시장'이라는 새로운 이름의 시장으로 나타난다. 오키나와 특산물인 고야, 파인애플, 망고 등을 파는 작은 과일 가판대를 지나 다시 미로 같은 길을 따라가면, 왼편으로 헤이와도리 끝자락과 이어지는 작은 삼거리와 맞닥트리게 된다. 삼거리에서 오른편으로 몸을 틀면 나하의 명소 중 하나인 츠보야 도자기 거리가 모습을 드러낸다. 이름 그대로 오키나와 도자기의 역사를 일면이나마 엿볼 수 있는 거리이다. 츠보야 도자기 터는 약 300년 전 조선인 도공 장헌공 등 3명의 도자기 장인들을 초청해서 시작되었다고 하는데 오름 가마 등 당시의 도자기 굽는 가마가 옛 모습 그대로 잘 보존되어 있다. '남요' 등 문화재로 지정된 가마터 옆의 카페나 장인정신이 살아있는 숍들을 보고 있노라면 옛 모습이 잘 보존된 건물이나 거리 자체로도 충분히 역사적 가치가 있음을 느끼게 된다. 가게마다 독특하고 예쁜 도자기들이 빼곡히 차 있어서 가게에 들어가 도자기나 소품들을 구경하는 것도 좋지만 가격이 만만치 않아서 웬만하면 구경만 하고 나오는 게 좋다. 츠보야 거리는 마치 유럽의 소도시에서나 볼 법한 편편한 돌길을 따라 도자기 가게들이 들어차 있어서 아침녘이나 오후 무렵에 윈도쇼핑 겸 산책하기에는 그만이다. 덤으로 길 양옆 골목으로 조금만 빠져들면 볼 수 있는 고풍스런 느낌의 오래된 가옥들과 그 집들을 지키고 서 있는 다양한 모습의 시사들을 둘러보는 재미도 꽤 쏠쏠하다.

츠보야 거리의 끝은 아사토 역으로 이어지는 히메유리 거리와 만나는데 히메유리바시까지 내쳐 간 다음 다시 왼편으로 꺾어들면 고쿠사이도리의 출구 쪽인 마키시 역이 나온다. 조금 더 힘이 남아 있다면 적당한 골목길에서 다시 옆으로 새는 것도 긴 아침 산책에 유종의 미를 거둘 수 있는 좋은 방법이다. 그리 복잡한 길이 아니므로 적당한 골목길을 골라 왼편으로 들어서도 길을 잃을 염려는 없다. 나는 츠보야 소학교 조금 못 미쳐 왠지 예감이 좋은 골목길을 골라 들어섰다. 오기가미 나오코 감독의 〈요시노 이발관〉을 닮은 옛날 이발관이 보였기 때문인데 왠지 좋을 것 같던 내 예감은 적중했다. 사쿠라자카 극장으로 연결되는 것으로 보이는 골목길 여기저기에 영화 간판을 붙여놓은 집들이 촘촘히 들어서 있었기 때문이다. 맨 먼저 눈에 띈 간판은 꽃을 입에 문 검객이 주인공인 〈검은 참죽나무〉라는 영화 포스터였다. 마치 건스 앤 로지스(Guns & Roses)를 연상케 하는 꽃을 입에 문 검객 옆에는 총천연색이라는 네 글귀가 선명하게 박혀 있었다. 요즘에야 총천연색이라는 단어 자체가 촌스러운 느낌을 주지만, 예전에는 이 '총천연색 시네마스코프'란 왠지 엄청나게 영상이 화려할 것 같은 모호한 단어로 관객들을 유혹하던 시절도 있었다. 그리고 보니 이 총천연색이라는 단어는 오키나와

若さま侍捕物帖

天然色総然

監督・沢島忠

黒い椿

꽤 잘 어울려 보인다. 푸른 바다와 하늘, 붉은색의 하이비스커스, 온통 초록의 거리와 공원, 노란 바탕의 전통복장 등 온갖 종류의 천연색이 모여진 총천연색 - 모노레일 역에 나붙은 **총천연색 아열대 도시 - 나하**라는 홍보문구가 더 없이 공감되었다. 계속해서 영화 포스터들이 눈에 띄었지만 한꺼번에 다 봐 버리면 오후 산책이 재미없어질까 두려워 나는 서둘러 숙소로 발걸음을 옮겼다.

나하 재래시장 산책

자유 여행자의 특권 중의 하나는 여행지에서 시간조절을 마음대로 할 수 있다는 점이다. 특히나 더운 나라를 여행할 경우 선선한 아침 시간에 산책한 다음 점심 무렵 숙소로 돌아와 잠깐 낮잠을 즐기다가 햇살의 기운이 쇠락해 질 오후쯤에 다시 새로운 여행을 계획할 수 있다는 점은 꽤 매력적이다. 캄보디아의 앙코르 와트를 관람할 때는 주로 현지인이 모는 툭툭을 이용하게 되는데, 아침 관람을 마치고 점심때가 되면 툭툭 기사들은 잠시 동안 시에스타를 위해 집으로 돌아갔다가 오후에 다시 시간 맞춰서 오곤 했다. 처음에는 흐름이 끊어지는 것 같아 어색하더니 이내 현지의 룰에 적응해서인지 나도 그 잠깐의 시에스타를 은근히 기다리곤 했었다. 오키나와 현지사람들이 캄보디아나 스페인 사람들처럼 시에스타 시간을 따로 가지진 않지만 패키지 투어가 아니라면 이 잠깐의 꿀맛

okinawa 41

같은 낮잠이 여행을 보다 원활하게 해주는 것만은 분명할 것 같다.

오후 느지막이 새로 산 작은 여행책자를 들고 다시 산책을 나섰다. 여행지에서 재래시장을 탐방하는 것은 굳이 "현지인들의 질펀한 삶을 생생하게 체험한다!"라는 진부한 표현을 차치하더라도 꽤나 가슴 뛰게 하는 일임이 분명하다. 재래시장 가이드북을 숙지한 끝에 동선을 시장 본통길부터 시작해서 제일 무카시 공설시장을 거쳐 노렌 중앙시장까지 둘러본 다음 사쿠라자카 극장에서 마무리하기로 작정했다.

고쿠사이도리 메인 로드의 중간 지점쯤인 미츠코시 백화점 조금 못 미쳐서 이 지역 최대의 쇼핑구역인 헤이와도리(평화통길)와 시장 본통길이 자리하고 있다. 이 본통길 입구로 들어서면 오키나와 특산물인 흑당도넛이나 카스텔라 등을 파는 빵 가게들과 저마다 '오키나와 한정'을 붙여놓은 작은 기념품점 그리고 시사 티셔츠나 알로하셔츠를 파는 옷가게들이 거리를 빼곡히 채우고 있다. 이 가게들은 고쿠사이도리 메인 로드에 있는 가게들에 비해 가격이 많이 저렴한 탓에 골목은 온통 관광객들로 북새통을 이룬다. 메인 로드에 있는 '망고 하우스'에서는 4~5,000엔을 줘야 하는 알록달록한 알로하셔츠를 이곳에서는 1,000엔 정도면 살 수 있다. 물론 품질차이는 나겠지만 따뜻한 남쪽 나라에 온 기분을 내는데 천 엔짜리면 어떻고 오천 엔 짜리면 어떻겠는가? 얼떨결에

나도 영화 〈첫 키스만 50번째〉에서 아담 샌들러가 입었던 것과 비슷한 알로하셔츠를 하나 골랐다. 시장 본통길을 조금 더 걸어가다 보면 정면에는 시장 중앙통길이 보이고 그 오른편으로는 오키나와의 부엌이라고 불리는 나하시 제일 마키시 공설시장이 보인다. 천장에 붉고 푸른 색깔의 둥근 풍선들이 떠 있는 시장 중앙통길 입구 앞에서 풍선 사진을 찍고 있는데, 어디선가 샤미센 소리가 들려왔다. 소리를 따라가 보니 언뜻 지나치기 쉬울 정도로 작은 샤미센 가게가 얌전하게 자리하고 있다.

샤미센 혹은 산겐

오키나와 본섬이나 야에야마 제도를 여행하다 보면 어디서나 쉽게 들을 수 있는 소리가 있는데 바로 구성진 가락의 샤미센 음률이다. 오키나와를 배경으로 한 영화나 드라마에서도 등장인물들이 샤미센을 연주하는 장면이 어김없이 나온다. 드라마 〈루리의 섬〉이나 영화 〈니라이카나이로부터 온 편지〉를 보면 마을 노인들이 샤미센을 연주하면서 구성진 목소리로 삶의 회한이 서린 노래를 부르는 장면들이 나온다. 오키나와 북서부의 나고 시를 배경으로 한 영화 중에 〈호텔 하이비스커스〉가 있는데 이 영화에서도 당구장을 운영하는 아버지의 샤미센 연주에 맞추어 온 가족이 춤추고 노래하는 장면을 볼 수 있다.
사미센은 산겐이라고도 불리는데 이름 그대로 3선으로 된 기타모양의 오키나와 전통악기이다. 처음 들을 때는 단조롭고 지루한 느낌을 받을 수도 있지만 들으면 들을수록 그 처연한 듯 감칠 맛 나는 묘한 소리가 오래도록 귓가에 머문다. 샤미센이 슬픈 선율만 내는 것은 아니다. 축제 때 등장하는 샤미센은 단조로우면서도 흥을 북돋우기 좋을 정도로 밝고 유쾌한 소리를 낸다. 영화 〈체케랏쵸!〉에는 결혼 피로연장에서 하객들이 샤미센 음률에 맞춰 흥겹게 춤을 추는 장면도 나온다. 언뜻 보기에 앙증맞은 모양새와 만만해 보이는 3가닥의 줄 때문에 "기념으로 하나사 가지고 가서 심심할 때 켜볼까?"싶은 생각이 들지 모르지만 샤미센은 상당히 고가의 악기라 여행자가 기념으로 사기에는 부담스럽다. 기타의 너트 역할을 하는 줄 조임쇠는 아래쪽에 두 개 위쪽에 하나로 되어 있다. 몸통을 싼 가죽이 얼핏 보기에 뱀 가죽 같아서 가게주인에게 물어 보니 주로 개나 고양이의 가죽을 사용한다고 한다. 줄은 기타 피크와 거의 흡사한 삼각형의 피크로 치는데, 코드를 짚는 것이 아닌 음계를 단음으로 튕김으로써 기타 리프(Riff) 같은 소리를 낸다. 원래는 나무로 된 '발목'이라는 도구를 사용하지만 오키나와에서 접한 대부분의 샤미센 연주에서는 삼각뿔로 된 피크를 사용하는 것으로 보였다. 그러고 보니 어제저녁 무렵 바로 이 시장 중앙통길의 작은 공터에서 젊은 가게주인이 지나가는 행인들에게 샤미센 연주시범을 보이는 광경을 보았던 기억이 났다. 샤미센을 몇 마디 연주한 다음 행인들과의 기념촬영을 더 오래 하는 걸로 봐서 샤미센의 고수라기보다 호객행위를 위해 습득한 것으로

여겨지는 솜씨였던 것 같다.

오키나와 출신 중에 'BEGIN'이라는 밴드가 있다. 김수철이 국악과 가요의 퓨전을 시도한 것처럼 이 BEGIN도 일본가요와 오키나와 전통음악을 접목시켜 큰 인기를 끌었다. 특히 샤미센을 음악 중간 중간에 적절히 삽입함으로써 오키나와 젊은이들의 열광적인 환호를 받았다고 한다. 영화 〈눈물이 주룩주룩〉의 엔딩 곡인 '나다 소우소우(오키나와 말로 눈물이 주룩주룩)'를 이 BEGIN이 만들었는데 영화에서는 나츠카와 리미의 노래로 삽입되었다. 나츠카와 리미의 연주실황을 본 적이 있는데 직접 샤미센을 연주하면서 부르는 모습이 매우 인상적이었다.

눈물이 주룩주룩

낡은 앨범을 넘기며 고맙다고 말했어요
언제나 언제나 가슴 속에서 격려해 주는 사람이여
활짝 갠 날도 비 오는 날도 떠오르는 그 웃는 얼굴
추억이 멀리 빛 바래도
그 모습을 찾으며 떠오른 날은 눈물이 주룩주룩

저녁에 제일 먼저 뜨는 별에게 빌어요 그게 내 버릇이 되었어요

저녁에 바라보는 하늘 가슴 벅차하며 그대를 찾아요
슬픔에도 기쁨에도 생각하는 그 웃는 얼굴
그대가 있는 곳에서 내가
보인다면 분명히 언젠가 만날 수 있을 거라고 믿으며 살아가요

어찌 보면 엔카나 우리나라 트로트의 분위기가 나는 음률이지만 샤미센의 청아하면서도 처연한 가락이 신파 느낌을 주는 영화의 대미를 꽤 감동적으로 만들어주었던 것 같다. 오키나와 출신 가수 하면 먼저 아무로 나미에가 떠오른다. 그 유명한 '오키나와 액터즈 스쿨' 출신으로 슈퍼 몽키즈(후에 MAX로 변신)를 이끌면서 일본 최고의 가수가 되었다. 같은 오키나와 출신끼리는 섬 전통의 '유이마루(협동정신)'로 잘 뭉쳐져 있는지 MAX는 오키나와 제도의 고하마 섬을 배경으로 한 〈카리유시 선생, 힘내!〉라는 드라마의 주제가를 부르기도 했다.

제일 마키시 공설시장

형형색색의 풍선들이 천장에 붙어있는 시장 중앙통길 입구 오른편에는 제일 무카시 공설시장 건물이 있는데 오른편의 2층 건물에 식품부가 자리하고 있고 잡화부와 의료부는 길 왼편에 따로 분리되어 있다. 이 시장은 오키나와의 부엌이라고 불릴 정도로 이곳 사람들의 온갖 먹을거리나

생필품들을 책임지는 곳이다. 시장 본통길과 바로 옆의 무츠미바시길, 그리고 헤이와도리는 각기 다른 골목에서 출발하지만 결국은 제일 무카시 공설시장쯤에서 서로 얽혀 만난다. 이 거대한 시장통은 지붕이 덮여 있어서 비가 올 때도 쇼핑을 하기에 별 어려움이 없다. 시장 안으로 들어서면 우선 오키나와 바다에서 갓 잡아온 해산물들이 관광객들의 눈을 단박에 잡아끈다. 열대바다에서 잡은 물고기임을 대번에 알 수 있는 형형색색의 물고기들, 어른 팔뚝만한 바닷가재, 긴 수염을 잔뜩 치켜세운 커다란 새우들……. 우리나라의 노량진 수산시장처럼 1층에서 생선을 고르고 난 후 500엔의 별도 재료비를 주면 2층의 식당가로 올라가서 자기가 고른 해산물 요리를 먹을 수 있다. 개인 여행자의 경우 혼자서 생선 하나를 통째로 사기가 부담스럽다면 포장된 생선회 모둠을 골라도 된다. 500엔짜리 생선회 모둠을 사면 간장, 겨자와 함께 미소 국도 나오기 때문에 시장 밖 밥집에서 파는 100엔짜리 밥을 하나 더하면 말 그대로 600엔짜리 생선회 정식이 된다. 2층으로 된 시장건물 안팎에는 해산물 외에도 돼지고기 등을 파는 정육점과 갖가지 반찬을 만들어 파는 부식 가게나 수타 소바를 파는 가게 등, 오키나와의 부엌이라는 이름에 걸맞게 온갖 먹을거리들이 지천이다.

제일 무카시 공설시장을 지나 조금 더 걸어가면 오른편에서 뻗어 나오는 우키지마도리와 만나는 작은 사거리가 나온다. 여기서부터는 시장 중앙통길이 끝나고 다시 신천지 시장통길이 시작되는데 시장이름 때문에 혼란스러워할 필요는 없다. 우리나라의 동평화시장 청평화시장 광희시장 등에 비하면 그야말로 동네시장 규모에 불과하므로 이름에 현혹될 필요 없이 하나의 시장으로 보아도 무방하다. 걸을 때는 다른 시장인 줄도 모르다가 나중에 지도를 보면 "아, 내가 시장 중앙통길을 지나 신천지 시장통길과 에비수길을 지나왔구나!" 하고 새삼 깨닫게 될 정도다. 신천지 시장통길 입구 왼편으로는 '미군 방출품'이라는 간판을 내건 군용품 가게가 보인다. 오키나와는 미군기지가 있는 곳이기 때문에 이런 미군 방출 물품을 파는 가게들이 눈에 많이 띈다. 나하시 서북쪽에 있는 '아메리카무라'에 가면 이런 군용품을 누가 살까 싶을 정도로 별별 군용 물자들을 파는 가게들이 밀집되어 있다. 신천지 시장통길은 주로 중장년층을 위한 옷가게들이 대부분인데, 그 사이에 '기무'라는 이름의 한국 식료품 전문 가게도 자리하고 있다. 이름에서 알 수 있듯이 김치를 비롯한 갖가지 한국 식품들을 파는 가게인데 한류스타들의 사진도 걸려있다. 이 신천지 시장통길에서 위로 조금 더 올라가면 다시 사거리가 나오는데 왼편으로 '미야고 소바'라는 커다란 간판을 단 소바집이 보인다. 이 사거리에서 몇 발짝만 더 직진하면 '노렌 시장'이라는 재래시장이 나온다. 이곳은 '역사와 문화를 만나는 시장'으로도 지정된 거의 문화재급의 재래시장이다.

영화 〈눈물이 주룩주룩〉의 도입부에는 이 노렌 중앙시장이 주요배경으로

등장한다. 요타로의 엄마와 카오루의 아버지가 결혼한 탓에 남매가 된 두 사람은 남매이면서도 그 이상의 묘한 감정을 갖게 된다. 요타로가 여동생인 카오루의 학비를 벌기 위해서 배달 아르바이트를 하는 곳이 바로 노렌 시장인데 환하게 웃음 띤 얼굴로 시장통을 뛰어다니던 싱그러운 표정이 인상 깊었던 영화다. 영화 속의 질펀하면서도 사람 사는 냄새가 물씬 나는 시장을 기대하고 이곳을 찾았지만 시장이 파한 오후 시간대라서 그런지 철 지난 바닷가처럼 한산하기 그지없다. 여동생 카오루의 대학합격 소식을 전하는 요타로에게 시장 상인들이 갖가지 선물을 들고 와서 자기 일처럼 기뻐해 주던 시끌벅적하던 시장에서는 인기척조차 들리지 않았다. 기대가 크면 실망도 큰 법일까? 영화 속의 활기찬 시장을 은근히 기대하고 온 탓인지 못내 아쉬움에 주변을 어슬렁거리던 내 눈에 시장 옆의 낡은 주택들이 눈에 들어왔다.

츠보야 도자기 거리 부근에서도 낡고 오래된 주택들을 재개발로 지정해 놓은 것을 보았는데 아마도 이 주택들도 나하시의 재개발 구역에 포함된 것으로 보였다. 곧 사라질 위기에 처한 하얗고 푸른색의 낡고 오래된 목조건물들이 늦은 오후 무렵의 햇살을 받아 몽환적인 느낌이 들 정도로 눈부시게 반짝이고 있다. 이상하리만치 낡고 오래된 빈티지한 것들을 선호하는 편인 나는 이 시한부 생명인 목조주택들에 처음이자 마지막으로 작별인사를 건넸다.

"살류트! 사라져가는 모든 것들에 대해 경의를!"

오키나와 소바

오키나와를 대표하는 음식이라면 고야 참푸루, 타코 라이스, 오키나와 소바 등을 들 수 있는데 그중에서도 오키나와 소바가 단연 첫손가락에 꼽힌다 해도 과언이 아니다. 오키나와에 와서 오키나와 소바를 먹어보지 않는 건 안동에 가서 안동국시를 맛보지 않는 거나 진배없다. 원래 소바는 메밀국수를 뜻하는 말로 도쿄 등 일본 관동지방의 대표적 음식 중 하나로 알려져 있다. 하지만 오키나와 소바는 밀가루를 빚어서 만든 흰색의 면발로 만들기 때문에 차라리 오사카 등 일본 관서지방의 대표 음식인 우동과 거의 흡사하다.

유스케 산타마리아와 코니시 마사미 주연의 영화 〈우동〉을 보면 그 유명한 사누키 우동이 월드와이드한 음식이 되기까지의 과정이 코믹하게 그려져 있다. 사누키 우동은 요란한 고명 없이 간장과 잘게 썬 파가 쫄깃한 면발을 더 돋보이게 한다는 점에서 단순한 것이 최고라는 진리를 새삼 일깨워 준다. 〈하루키의 여행 법〉에도 '맛있는 우동 집 탐방'이 나올 정도로 일본사람들은 우동에 꽤 집착하는 것 같다. 특히 오키나와 소바는 류큐 왕국의 전통 음식이라는 점에서 이곳 사람들의 자부심마저 느껴진다. 오키나와 소바에는 돼지고기를 고명으로 얹는 게 특징인데 솔직히 면발은 별로 볼품없다. 영화 〈우동〉을 보면 사누키 우동의 탱탱하고 쫄깃한 식감이 온몸으로 전해져 오는 데 반해, 오키나와 소바의 면발은 어찌 보면 덜 삶은 가케우동처럼 생경한 모습을 하고 있다. 하지만 그 면발들을 떡하니 누르고 그 위에 올라탄 두툼한 돼지고기 고명이 이런 불만을 잠재우기 충분하다. 육수를 스푼으로 떠서 한 모금 마셔보면, 오키나와 소바는 첫맛보다 끝 맛이 진국임을 알아차릴 수 있다. 돼지사골과 가다랭이를 섞어 만든 진한 육수를 사용하기 때문에 우동이나 관동지방 소바의 담백한 맛보다 진하고 걸쭉하다. 나하의 고쿠사이도리에는 수없이 많은 오키나와 소바집이 있다. '가도 소바' 등 메인 로드에 위치한 유명 가게들도 있지만 뒷골목 구석구석에서도 쉽게 눈에 띈다. 가격은 보통 500엔 정도인데 뉴 파라다이스 로드에는 280엔이라는 최저가격으로 주머니 얇은 여행자들을 유혹하는 가게도 있다.

오키나와 소바 외에 류쿠 왕국의 영토였던 여러 섬의 이름을 딴 미야고 소바, 다이토 소바, 야에야마 소바 등도 있는데 맛이나 모양은 거의 흡사하다고 보면 된다. 우리나라도 잔치국수, 칼국수, 안동국시 등 전통적인 국수 문화가 자리하고 있지만 아무래도 면보다는 탕이나 국을 곁들인 밥 문화가 발달한 탓으로 면은 주식보다 새참으로 취급받는 게 사실일 것이다. 워낙 면을 좋아해서 동남아를 여행할 때도 거의 매끼 밥보다

국수를 먹었던 터라 나는 오후의 재래시장 산책을 끝낸 다음 가이드북에 나오는 소키 소바집에서 저녁을 해결하기로 미리 작정해 두었다. 소키 소바집은 제일 무카시 공설시장 뒤편 골목에 위치하고 있는데 가도 소바나 원조 대동 소바처럼 가게이름을 내건 간판이 있는 것도 아니어서 찾기에 꽤나 애를 먹었다.

제일 무카시 공설시장 건물 뒤를 몇 바퀴나 빙빙 돈 끝에 마침내 어두운 골목길 안에서 **소키 소바 - 350엔**이라고 불이 켜져 있는 간판을 찾아내고야 말았다. 350엔이라는 가격은 가난한 여행자가 물가 비싼 일본 땅에서 그나마 식당 의자에 앉아서 먹을 수 있는 최저가인 셈이다. 식당 안에는 욘사마 배용준의 사진이 커다랗게 걸려 있어서 괜스레 기분까지 뿌듯해져 왔다. 주문한 지 채 1분도 되지 않아 언뜻 보기에도 돼지갈비가 두툼하게 올려진 국수가 나왔다. 면발은 솔직히 크게 기대할 게 없어서 면을 붉은 생강과 함께 재빨리 먹어치운 다음 천천히 돼지갈비와 육수 맛을 음미하면서 먹기로 했다. 나는 맛없는 것을 먼저 먹은 다음 맛있는 것은 천천히 음미하면서 나중에 먹는 버릇이 있는데 맛없는 면발 뒤에 먹는 맛있는 돼지갈비살은 참고 기다린 만큼 더 맛이 있었다. 오키나와 소바가 보통 넓적한 돼지고기 고명이 올려져 나오는 데 반해 소키 소바는 이름 그대로 소키(돼지갈비 살)가 고명으로 얹혀 나온다. 돼지갈비 살의 묵직하면서도 부드러운 식감도 좋지만 진하고 깊이 있는 육수 맛은 그야말로 일품이다. 태국 카오산 로드에 있는 '나이 소이' 라는

국숫집에서는 육수 맛을 소갈비로 내는데 이 소키 소바 육수 맛과 거의 비슷하다는 느낌도 들었다. 돼지갈비 살을 요모조모 아껴 먹은 다음 육수를 그릇째 들고 후루룩 맛을 보았다. 하루 종일 뜨거운 햇살 속에 걸어 다닌 탓으로 지칠 대로 지친 내 몸이 소스라치게 놀라면서 난 다시금 원기를 회복하고 있었다.

사쿠라자카 극장

소키 소바집을 나서니 남쪽나라 그런지 아직도 오후의 잔광이 많이 남아 있었다. 오전에 미처 보지 않고 남겨두고 온 영화 포스터 골목을 먼저 둘러본 다음 저녁 무렵에 사쿠라자카 극장에 들러도 시간은 충분할 것 같았다. 시장 중앙통길을 지나 다시 신천지 시장으로 들어섰다. 오전 산책 시 츠보야 거리를 가기 위해 지나쳤던 길이 다시 눈앞에 펼쳐졌다. '스텔라'라는 예쁜 이름의 게스트 하우스 앞에서 왼편으로 몸을 튼 다음 이번에는 제법 가파르게 보이는 오른편 언덕길로 내처 걸어 올라갔다. 무슨 중요한 행사라도 마친 것일까? 때마침 기름종이 우산을 든 나이 든 여인을 따라 오키나와 전통복장으로 한껏 치장한 앳된 소녀들이 언덕길을 걸어 내려오고 있었다. 가부키 같은 흰 화장을 하고 붉은 립스틱을 입술에 바른 모습이 아직은 영 어색해 보였지만 소녀들은 마치 성인식이라도 치른 양 사뭇 들떠 보였다. 〈눈물이 주룩주룩〉에서 요타루는 여동생 카오루가 성인식에 입을 오키나와 전통복장을 준비해 놓고도 결국은 카오루가 그 옷을 입은 모습을 보지 못하고 눈을 감게 되는데, 나는 저 소녀들의 옷은 누가 마련해 줬을까 하는 상상을 해보며 그녀들을 지나쳐 언덕길을 거슬러 올라갔다.

언덕길 왼편으로는 제법 우거진 숲이 있는 키보우가오카 공원이 있는데 공원 안으로 들어가도 결국은 사쿠라자카 극장 입구와 만나게 되어 있다. 일단 극장을 지나쳐 영화 포스터들이 걸려있는 골목으로 접어들었다. 극장 앞에서 왼편은 용궁통 거리로 이어지고 오른편 골목으로 들어가면 또 츠보야 도자기 거리와 만나게 되는 골목구조였다. 용궁통 거리 쪽 목조가옥 한 면을 마릴린 먼로의 활짝 웃는 그림이 가득 채우고 있는데 작은 스낵바들이 밀집해 있는 골목과 마릴린 몬로의 모습이 어쩐지 썩 잘 어울려 보였다.

오른편 골목으로 들어서자 맨 먼저 〈이웃집 토토로〉 간판이 눈에 들어왔다. 〈눈물이 주룩주룩〉 초반부에 요타로가 오토바이로 물건을 배달하는 장면이 나오는데, 물건을 받는 할머니 옆으로 이 간판이 보인다. 워낙 짧은 순간에 스쳐 지나가는 장면이긴 하지만 웬만큼 눈썰미를 지닌 사람이라면 이 간판을 흘려버리지 않을 것이다. 자세히 보니 이 지역이 재개발 지구로 지정되어 있는지 건물 곳곳에 철거예정 스티커가 붙어

있다. 골목골목의 낡은 건물은 한눈에 보기에도 피폐되어 있어서 이 건물들과 영화 간판들이 언제 철거될지 알 수 없을 정도였다. 비교적 옛것을 잘 보존하는 일본이지만 이제 이 유서 깊은 동네도 결국 개발의 물결에 밀려 옛 모습을 잃을 판인 것 같았다.

몇 년 전에 중국 칭다오를 방문한 적이 있는데 그때 보았던 돼지촌(주성치 주연의 영화 〈쿵푸 허슬〉에 나오는 것과 같은 집단거주지)이 얼마 전 다시 방문했을 때는 생뚱맞게도 높은 고층건물로 변해있어서 괜스레 슬퍼했던 적도 있다. 다시 이곳을 방문할 기회가 있을진 모르겠지만 아마도 그때는 이 〈이웃집 토토로〉 간판을 다시 보지 못할지도 모른다는 예감에 잠시 우울해지기까지 했다. 낡을 대로 낡은 소파가 놓인 허름한 건물을 지나자 살이 뒤룩뒤룩 찐 고양이 두 마리가 꾸벅꾸벅 졸고 있을 뿐 주차된 차는 보이지 않는 작은 주차장이 나타났다. 주차장 옆에 지은 간이 양철건물에는 기타노 다케시의 전면얼굴이 강렬한 느낌을 주는 영화 〈피와 뼈〉의 간판이 붙어있다. 〈피와 뼈〉는 한국계인 최양일 감독이 만든 작품으로 오사카의 괴물이라 불렸던 김준평의 파란만장한 일대기를 그린 영화다. 빗속에서 김준평(기타노 다케시 분)과 아들 역의 오다기리 조가 처절하게 싸우던 장면이 인상적이었던 영화로 기타노 다케시의 섬뜩한 연기가 일품이었다.
또 다른 골목으로 들어서자 낡은 단층 목조건물 유리창에 붙어있는

〈로마의 휴일〉 포스터가 눈길을 잡아끌었다. 시간을 초월하여 영원히 청순한 모습을 간직하고 있는 단발머리 차림의 오드리 헵번이 빛바랜 포스터 속에서 환하게 웃고 있다. 오전에 보았던 〈꽃을 입에 문 검객〉이 있던 골목을 가늠해 걷고 있는데 이번에는 〈애꾸눈의 닌자〉라는 영화 간판이 눈에 들어온다. 그러고 보면 옛날 영화의 간판이나 포스터는 참 낭만적이라는 생각이 든다. 오전에 본 〈꽃을 입에 문 검객〉도 마찬가지지만, 애꾸눈과 닌자라는, 어찌 보면 무서울 수 있는 인물들을 저렇게 낭만적으로 그리는 것이 바로 영화 간판을 그리는 간판장이들의 힘이라는 생각이 들었다.

다른 골목으로 들어서자 이번엔 〈격류를 산 남자〉라는 마초적인 제목의 간판이 눈에 들어왔다. 1960년대 말 〈맨발의 청춘〉에 나오는 신성일처럼 머리에 포마드를 잔뜩 바른 남자가 건달들과 싸우는 장면이 그려진 간판 역시 오랜 세월의 격류를 헤쳐 왔음인지 총천연색이었을 그림이 물 빠진 수채화처럼 바래고 헤져 있다. 어느 골목인지 다시 찾으라면 잘 찾지도 못할 좁은 골목 담벼락에는 〈무적 소리가 이 몸을 부르신다!〉라는 역시나 마초적인 제목의 영화 포스터가 삐뚜름히 붙어 있었는데 마도로스 복장을 한 주인공이 여차하면 한 대 칠 기세로 나를 노려보는 탓에 움찔 눈부터 내리깔았다. 우리나라에도 박노식, 장동휘 같은 액션배우들이 나오던 〈마도로스 박〉 스타일의 영화가 유행하던 시절이 있었는데

아마도 비행기가 대중화되기 이전에는 마도로스라는 직업이 꽤나 인기가 있었기 때문일 것이다.

인정은 인정으로 사랑은 사랑으로
한 많은 내 가슴에 술이나 부어다오
바다를 주름 잡아 떠돈 지 몇 몇 해냐
얼마나 사무치던 못 잊을 추억이냐
돌아온 사나이는 아, 그 이름 마도로스 박!

영화 〈마도로스 박〉 주제가

제법 날이 어둑어둑해 졌으므로 나는 골목길 탐색을 마치고 오늘의 최종 목적지인 사쿠라자카 극장으로 향했다. 사쿠라자카 극장은 키보우가오카 공원 앞에 있는 아담한 극장이다. 나하시에도 멀티플렉스 영화관이 있다고 들었지만 이 극장은 고쿠사이도리에서 도보로 채 5분도 걸리지 않는 지리적 이점은 물론 멀티플렉스가 가지지 못하는 서정적이고 기품 있는 모습으로 인해 많은 사람들이 즐겨 찾는 명소이다. 극장 앞에는 곧 상영할 영화 포스터들이 가지런히 놓여있고 탁 트인 입구를 들어서니 코 닿을 곳에 마치 커피전문점의 카운터처럼 생긴 매표소가 맞아준다. 스크린이 많지 않아서인지 매표소에는 표 파는 직원들만 두엇 있을 뿐 긴 줄을 서는 일은 애당초 없어 보였다. 오른편으로는 커피나

샌드위치 등을 파는 예쁜 카페가, 왼편으로는 책이나 앙증맞은 소품을 파는 공간이 자리하고 있었다. 영화관이라기보다 마치 책을 읽을 수 있는 공간을 가진 자유스런 분위기의 카페 같은 느낌이 들 정도로 영화관은 아기자기하면서도 아늑한 분위기가 묻어났다. 입구와 카페를 구분 짓는 빈 공간에는 새로 개봉하는 영화의 포스터를 매달아 놓았는데 우리나라 영화인 〈초능력자〉와 〈포에트리(Poetry), 아그네스의 시〉도 그 틈에 어깨를 나란히 하고 있었다. 〈시〉라는 제목으로 우리나라에서 상영된 〈포에트리(Poetry), 아그네스의 시〉는 그리 흥행에 성공하지 못한 작품으로 알고 있는데 일본에서는 영화 〈유레루〉의 니시카와 미와 감독이나 〈세상의 중심에서 사랑을 외치다.〉의 유키시다 이사오 감독 등이 극찬하였다고 한다.

우리나라에서 흥행에 성공한 〈황해〉나 〈아저씨〉 〈악마를 보았다〉 등이 힘이 넘치면서도 속도감이 뛰어난 반면, 일본영화는 잔잔하고 소소하면서도 감동과 유머를 버무린 점이 장점이라 할 수 있다. 한류의 영향으로 한국영화들이 일본에 많이 진출한 반면에 아직도 일본영화들은 한국시장에서 크게 환영받지 못하고 있다. 일본드라마가 '일드'라고 해서 젊은 층들의 호응을 얻고 있지만 일본영화는 아직도 대부분 소수의 마니아 층에게만 알려지는 것 같아 조금은 안타깝다는 생각이다. 개인적으로 일본영화는 다소 심심한 듯싶으면서도 곱씹는 맛이 장점이라고 생각하는데

특히 제목이 독창적이면서도 감성적인 점이 참 마음에 든다. 〈거북이는 의외로 빨리 헤엄친다.〉〈불꽃놀이 아래서 볼까? 옆에서 볼까?〉〈술이 깨면 집에 가자〉〈카모메 식당〉〈혐오스런 마츠코의 일생〉 등이 그렇다. 우리나라에서 가장 인기 있는 일본감독으로는 아마도 〈러브레터〉〈하나와 앨리스〉 등을 연출한 이와이 슌지 감독과 〈조제 호랑이 그리고 물고기들〉〈메종 드 히미코〉 등의 이누도 잇신 감독이 첫손가락에 꼽힐 것이다. 개인적으로는 이 두 감독 외에 〈카모메 식당〉과 〈안경〉을 연출한 여성감독 오기가미 나오코를 좋아하는데, 특히 〈안경〉은 푸른 바다와 눈부신 해변을 갖춘 아열대 섬이 배경이라서 보고 있으면 테라피(Therapy)적 효과도 있는 것 같아 열 번도 더 보았다.

매표소 옆의 작은 서점에는 영화 관련 책자 등 볼만한 책들과 오밀조밀한 소품들이 꽤 있었으므로 나는 한참을 서점에서 머물렀다. 이번에는 오른편 카페로 자리를 옮겨 커피를 마시면서 기왕에 사쿠라자카 극장에 온 김에 영화를 한 편 보고 갈까 고민에 빠졌다. 하지만 딱히 구미에 당기는 영화도 없었을뿐더러 내일 아침 일찍 〈안경〉의 촬영지인 요론지마로 이동을 해야 했으므로 첫째 날의 긴 산책을 끝마치기로 했다. 하루키의 15km 도보여행에는 한참을 못 미치는 거리였지만 나름 고쿠사이 도리는 웬만큼 섭렵했다는 뿌듯함을 안고서 나는 그사이 어둠이 내려 캄캄해진 길을 걸어 극장에서 몇 발짝 떨어지지 않은 숙소로 향했다.

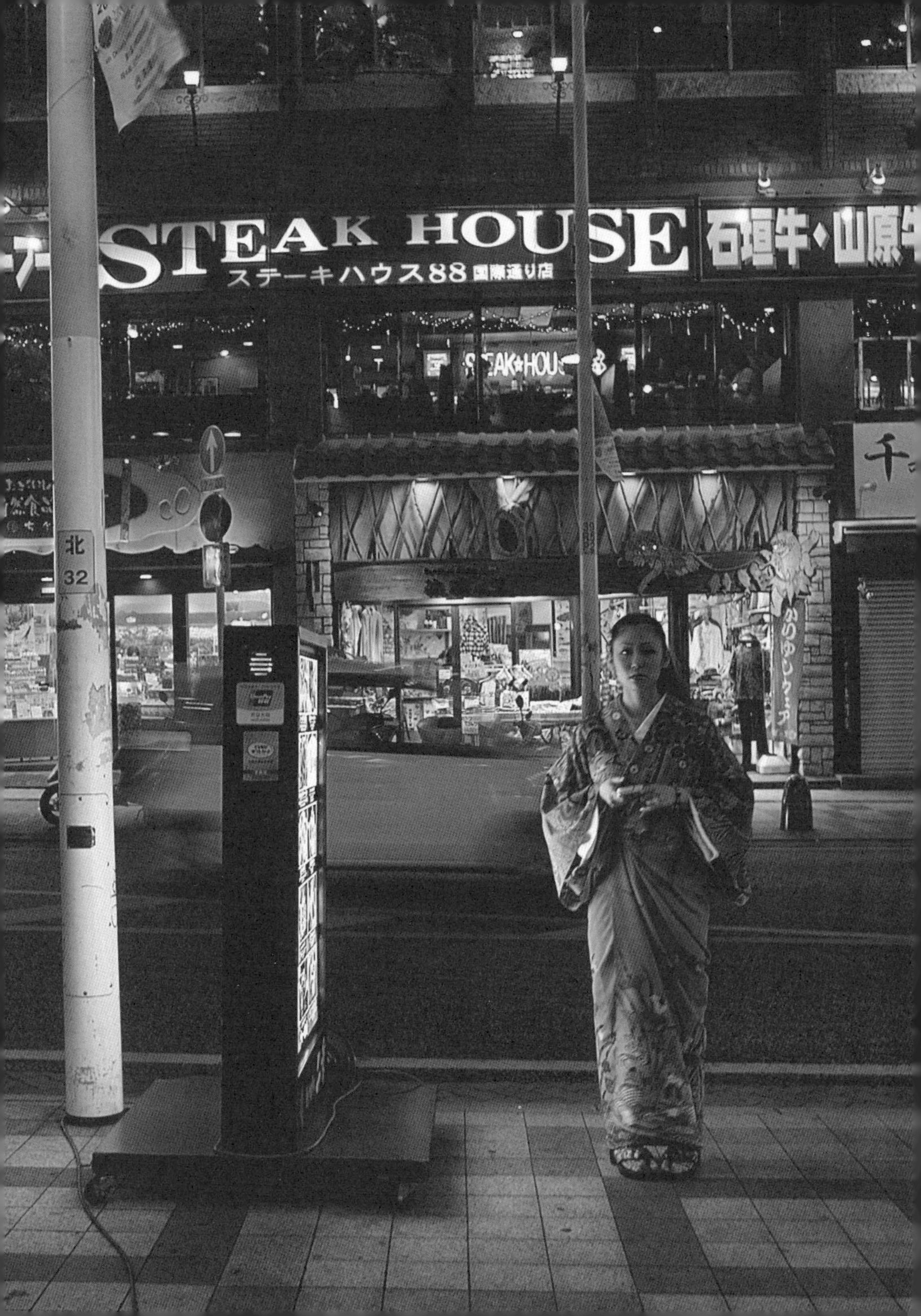
STEAK HOUSE
ステーキハウス88 国際通り店
石垣牛・山原
北
32

둘째 날: 영화 〈안경〉의 섬, 요론지마

"왠지 불안해지는 시점에서 참고 2분 정도 더 가다 보면 오른쪽에 '마린 파레스' 가 나온다"
- 영화 〈안경〉 중에서

영화보기를 참 좋아한다. 이력서나 개인소개서를 쓸 때도 취미난에는 진부하기 짝이 없지만 망설이지 않고 '영화감상' 이라고 채워 넣을 정도다. 딴에는 영화를 분석한답시고 시시콜콜한 장면들을 이리저리 끼워 맞추며 혼자 놀기도 한다.

이를테면 왕 가위 감독의 〈타락천사〉에서 농아인 금성무가 좋아하는 여자로 양채니가 등장하는데 니콜라스 케이지가 나오는 〈방콕 데인저러스〉에서는 반대로 양채니가 농아로 나온다는 것을 찾아내고는 무슨 대단한 발견이라도 한 것처럼 흥분하는 식이다. 예전에는 〈지옥의 묵시록〉이나

〈원스 어폰 어 타임 인 아메리카〉 같은 묵직한 할리우드 영화를 좋아했지만 요즘은 아시아권 영화에 더 끌린다. 트란 안 홍 감독의 〈그린 파파야 향기〉나 〈여름의 수직선에서〉 같은 베트남 영화나 〈타이페이 카페 스토리〉 등의 대만영화도 좋아하고 〈나그네와 마술사〉 같은 부탄영화에도 마음이 간다. 어렸을 적 영화 선전 문구에 자주 사용되던 서스펜스 가득한 영화도 좋지만, 나이가 들어서인지 점점 곱씹는 맛이 있는 영화를 더 선호하게 된다. 일본영화는 얼핏 무미건조하다는 느낌이 들 때도 있지만 평범하고 소소한 일상에서 기발한 착상과 깨알 같은 유머를 이끌어 내는 그 나름의 독특한 개성이 있다. 좋아하는 일본영화를 몇 꼽으라면 〈조제 호랑이, 그리고 물고기들〉 〈거북이는 의외로 빨리 헤엄친다.〉 〈혐오스런 마츠코의 일생〉 그리고 〈안경〉 등을 들 수 있다.

〈안경〉은 〈카모메 식당〉을 만든 오기가미 나오코 감독의 슬로 라이프 슬로 시티를 지향하는 영화로 오키나와 북동쪽에 있는 요론지마가 배경이다. 우리나라에서는 영화 〈서편제〉 촬영지인 전라남도 청산도가 대표적인 슬로 시티라고 할 수 있다. 〈안경〉은 휴대폰이 터지지 않는 외진 섬을 찾아 나선 여주인공(고바야시 사토시 분)이 막상 섬에 도착해서는 슬로 라이프에 잘 적응하지 못하다 종국에는 자연과 사람들에 동화되어간다는 줄거리만 놓고 보면 심심하기 짝이 없는 영화다. 할리우드 영화에 익숙한 관객들이 볼 때는 하품 나오는 소재이지만 오기가미 나오코 감독은 특유의 세심함과 소소한 유머를 버무려, 보고 나면 마음이 평화로워지는 아날로그적 명작을 만들어 내었다.

파나우루(Pana Uru) 왕국

엄밀히 따지면 요론지마는 오키나와가 아닌 가고시마 현에 소속된 섬이지만 옛 류큐 왕국의 영토였다는 점에서 문화나 풍습은 거의 흡사하다. 실제로 가고시마에서는 약 500km 거리이지만 오키나와에서는 불과 23km밖에 떨어져 있지 않다. 한국에서 출발할 때 대략적인 동선을 나름 꼼꼼하게 짰다고 생각하면서도 〈안경〉 촬영지에 관한 정보는 제대로 파악을 해 놓지 못해서 조금 찜찜했는데 오키나와에 도착하고 나서야 중간에 들른 섬이 바로 로케 장소인 요론지마라는 것을 뒤늦게 알게 되었다.

여행할 때는 작은 정보 하나하나가 시간과 돈이라는 점을 다시 한 번 깨닫게 되었지만 머리를 쥐어박으며 자책을 해봤자 이미 엎지른 물이었다. 결국 나하에서 하루를 지낸 다음 다시 크루즈 선을 타고 요론지마로 거슬러 올라가는 루트로 일정을 변경하기로 했다. 나하에는 비교적 먼 곳으로 이동하는 선박이 출입하는 신항과 오키나와 본섬 주변의 이도로 가는 배가 닿는 토마리항 두 곳의 항구가 있다. 가고시마로 가는 크루즈는 올 때와 마찬가지로 모노레일 아사히바시역 부근에 있는 신항에서 출발했다. 아침 7시에 나하 신항을 출발한 크루즈 선은 오키나와 북부의

모타부항을 거쳐 약 4시간 40분 만에 요론항에 도착했다. 가고시마에서 오키나와로 갈 때 갑판 위에서 이 섬을 바라보았을 때는 내가 이 섬에 내리게 될 줄 짐작조차 못했다는 점을 생각해 보면, 사람의 일이란 참으로 알 수 없다는 것을 새삼 느끼게 된다. 그 당시 먼 언덕길을 오르내리는 자동차를 보고는 "이런 미지의 섬에서도 사람들은 나름대로 열심히 살아가는구나!"라고 생각했는데 이제는 내가 그 언덕길을 차로 달려야 하는 처지가 된 셈이다.

요론지마에서 내리는 탑승객은 그리 많지 않았다. 배에서 같이 내린 사람들은 대부분 마중 나온 사람들과 반갑게 얼싸안으며 그들이 타고 온 차량 편으로 이내 선착장을 빠져나갔다. 혹시 선착장과 시내 중심지를 오가는 셔틀버스라도 있지 않을까 두리번거렸지만, 텅 빈 주차장을 보고는 이내 기대를 접을 수밖에 없었다. 그때 붉은색의 택시 한 대가 주차장을 빠져나가는 모습이 언뜻 눈에 들어왔다. 저 택시라도 놓치는 날에는 정말 난감할 것 같아 무거운 배낭을 들쳐 메고 부리나케 달려간 끝에 간신히 택시를 따라잡았다. 손님을 내려주고 주차장을 휘둘러 빠져나가던 빈 택시기사는 다행히도 덜컹덜컹 달려오는 내 모습을 발견하고 차를 세워주었다. 보통의 일본인들과 달리 간단한 영어를 곧잘 구사하는 중년의 택시기사는 한국인이 이 섬을 찾아온 게 못내 신기한지 숙소에 도착할 때까지 쉴 새 없이 말을 걸어왔다. 돌아갈 때는 결코 이 수다스런 기사가 모는 택시를 타지 않으리라 다짐했지만 이후 나는 요론지마 곳곳에서 이 택시기사와 몇 번이나 운명처럼 조우했다.

요론지마에서 내가 묵은 숙소는 〈안경〉의 촬영장소 중 하나인 '성사장'이었다. 영화 속에서 고바야시 사토시가 두 번째 찾아간 '마린 파-레스'가 바로 현실 속의 성사장인 셈이다. 2층 방에서 창문을 열고 밖을 내다보니 영화 속에서 투숙객들이 집단으로 밭일을 하던 사탕수수밭 저너머로 짙푸른 바다가 한눈에 들어왔다. 짐을 풀자마자 주인인 나가이 상에게 섬을 일주하는 버스 정류장과 배차시간을 물어보았다. 영화 속에 나오는 유지 상처럼 푸근한 인상의 집주인 나가이 상은 마침 시내에 나가는 길에 버스 배차표를 얻어 오겠다고 했다. 어차피 섬을 둘러볼 계획이었던 참에 나는 나가이 상의 차를 얻어 타고 시내인 차바나시 쪽으로 가보기로 작정했다.

요론지마에는 남과 북 두 개의 바운드로 섬을 일주하는 버스가 약 2시간 간격으로 운행되고 있는데 이 순회버스 말고는 대중교통 편이 없기 때문에 비싼 택시를 탈 수 없는 여행자들에게 순환버스의 타임테이블은 말 그대로 바이블 같은 역할을 한다. 숙소에서 차로 약 20분쯤 달렸을까? 나가이 상이 모는 차가 '미나미 타쿠시'라는 간판이 붙은 작은 단층건물 앞에 섰다. 나가이 상이 누군가를 부르자 어떤 남자 하나가 문을 열고 나오는 모습이 보였다. 아! 그 남자는 바로 선착장에서 만난 수다쟁이 택시기사였다. 택시기사가 다시 만나서 반갑다는 표정을 하며 타임테이블을 차창 틈으로 넣어주었다. 떠나려는 차에 대고 택시기사는 웃으면서 내일 전화를 하면 숙소로 픽업하러 가겠다는 손시늉을 해 보였다. 나가이 상은 요론 역장(면사무소 같은 행정부처) 옆에 있는 관광협회 사무소에 나를 내려주고 부식거리를 사러 차를 몰고 휭하니 떠나가 버렸다.

지도라도 얻을 겸 관광사무소 안으로 들어서자 젊은 남자직원 한 명이 간이 지도와 관광안내서를 한 아름 내왔다. 지도는 꽤 오밀조밀하고 자세했는데 지도 밑에 '**파나우루(Pana Uru) 왕국 패스포트 - 400엔**' 이라는 문구가 보여 이게 뭔지 직원에게 물어보았다. 친절을 가득 머금은 남자직원이 요론지마는 '파나우루' 라는 왕국을 표방하고 있는데 자체적으로 국기와 헌장 그리고 국가를 보유하고 있다고 자세히 설명해 주었다. 물론 국제적으로나 일본의 행정체계상으로 공인받은 건 아니고 요론지마의 프라이드와 관광홍보가 목적이라고 했다. 일본 국적이 아닌 사람들도 받을 수 있냐고 물었더니 파나우루 왕국의 국민이 되고 싶은 모든 관광객에게 패스포트 제작비 400엔만 받고 발급해 준단다. 400엔을 내자 섬(왕국)에 들어온 날짜와 출국일이 사증에 찍힌 파란 색 파나우루 왕국 패스포트를 즉석에서 만들어 주었다. 마치 어린이들의 코 묻은 돈을 겨냥한 '어린이 왕국 패스포트' 처럼 유치하고 장삿속 엿보이는

PASSPORT

本旅券の所持者はヨロンパナウル王国に入国を許可するものであり、所持者を入国より出国まで安全快適に支障なく通行させかつ当国滞在中は心からなる歓迎の意をいかんなく発揮して接遇するよう関係の諸官に要請する。

<small>フヌ　　　　　パスポート　　　　ンチャー　　　ムッチュル</small>
Hunu PASSPORT ntya muttyuru
<small>ピチュ　　カティヤ　　シマカティ　　ウァーチカラ</small>
pityu kathiya simakathi uatikara
<small>ムデュン　　ターナ　　マチゲーグトゥ　　ヌ</small>
mudhun tana matigegutwu nu
<small>ネンガネーシ　　　キムヌ　　　イチャリュール</small>
nenganesi kimunu ityaryuru
<small>グトゥ　　トゥーサチ　　タボーティ　　マタ</small>
gutwu twusati tabothi mata
<small>ユンヌ　ナイ　エール　ナゲーヤ　キムカラ</small>
yunnu nai eiru nageya kimukara
<small>ミーカラ　　ユッターシャ　　イチャグトゥ　　シチ</small>
mikara yuttasya ityagutwu siti
<small>タボーリ　　ドーカ　　ニゲイ　　シャービュンドー</small>
tabori doka nigei syabyundo

TOKWGANASI

퍼포먼스라고 할지라도 한 왕국의 패스포트를 간직한다는 것은 적어도 기념품으로서의 가치는 충분하리라는 생각이 들었다.

발급된 패스포트를 요모조모 들여다보았다. 우선 물고기와 하이비스커스 꽃으로 수놓은 국가의 상징이 마치 피지나 통가왕국의 그것과 닮아 있었다. 왕국 헌장도 한 페이지를 장식하고 있었는데, 서툰 일본어 해석으로 **'나는 자유와 평화 및 평등을 원하는 이 나라의 번영에 공헌할 것을 맹세한다.'** 라는 인류의 발전에 반드시 동참해야 할 것 같은 사명감을 북돋우는 문구도 보였다. 난 마치 피오나 공주가 있는 'Far far away(겁나 먼)' 왕국의 신민이 된 것 같은 뿌듯함을 안고 관광협회, 아니 파나우루 왕국 외교통상부를 빠져나왔다.

관광협회 사무소를 나와 해변 쪽으로 다가가 보았다. 돌로 된 긴 방파제가 왼편은 차바나 비치, 그리고 오른편은 차바나 어항으로 해변을 구분해 주고 있다. 항구와 포구의 차이가 무엇을 기준으로 하는진 잘 모르겠지만 항구가 조금 규모가 있어 보이는 반면 포구는 뭔가 작고 아담한 뉘앙스를 느끼게 해 준다고 보았을 때, '차 꽃' 이라는 예쁜 이름을 가진 차바나항은 항구보다 포구라는 이름이 더 잘 어울린다는 생각이 들었다.

소래포구 갔었다는 말은 소리로 정박한 포구가 되어 봤다는 말이다
꼬막의 입으로 바닷말 삼켜 봤다는 말이다

허연 소금의 갈기로 나부끼는 파도 한 소쿠리
무진장 반짝이는 물비늘로 싣고 한 사나흘 멍텅구리 배가 되어 봤다는
말이다

- 소래포구 / 권기만

소래포구가 한 소쿠리만큼의 소금기가 질퍽하니 몸에 감겨오는 느낌을 준다면 차바나항은 한 잔의 허브차처럼 정갈하다. 내항에는 작은 배들이 가지런히 정박되어 있고 통통 통 통 소리를 내며 작은 배 한 척이 항구로 들어서고 있었다. 수리하는 중인지 하얀 배 한 척이 방파제 위로 올라와 있었는데 빈 술병 하나가 제 몸을 못 가눈 채 배 옆에 쓰러져 있는 모습이 눈에 들어왔다. 역시나 몸을 못 가누었을 배 주인이 잠시 눈을 붙이러 들어갔는지 아직 채 마르지 않은 페인트를 뒤집어쓴 배만이 덩그러니 하늘을 향해 몸 말리기를 하고 있었다.

까르르 웃음소리가 들려 뒤를 돌아다보니 한 무리의 어린 소녀들이 자전거를 타고 방파제 쪽으로 들어오는 모습이 보였다. 중학교 3학년쯤으로 보이는 소녀들은 차바나 비치를 바라볼 수 있는 쪽 방파제에 다리를 걸치고는 뭐가 그리 재미있는지 조잘조잘 참새 떼처럼 떠들어댔다. 영화 〈써니〉에 나오는 칠공주파처럼 저 소녀들도 수십 년이 지나도 서로의 우정을 이어갈 수 있을까? 그때쯤 아줌마가 되었을 소녀들은 함께 바다를 바라보던 빛나던 청춘의 시간을 기억하게 될까? 소녀들의 젊은 날을

나라도 잡아놓을 심산으로 카메라를 꺼내어 그녀들의 뒷모습을 찍기 시작했다. 눈치를 챈 소녀들이 킥킥대며 손으로 얼굴을 감싸 안았다. 방파제를 빠져나올 즈음 소녀들이 자전거를 탄 채 손을 흔들며 나를 휙 하니 스치고 지나갔다. 마주 손을 흔들어 주었더니 예의 그 까르르하는 웃음소리가 터져 나왔다. 초원의 빛처럼 꽃의 영광처럼 빛나는 소녀들의 젊음이 부러워, 나는 소녀들의 모습이 시야에서 사라질 때까지 우두커니 '차 꽃' 해변에 서 있었다.

순환버스의 막차시간까지는 시간이 조금 남아있었으므로 차바나 시내를 탐색해 보기로 했다. 차바나 어항을 끼고 오른편으로 들어서자 얕은 언덕길이 나타났다. 이 작고 평화로운 마을에 이런 기관이 왜 필요한지 고개를 갸우뚱하게 만드는 법무국 사무소를 지나 하이비스커스 거리 방향으로 조금 더 걸어 들어가자 웨딩드레스를 입은 신부 그림이 커다랗게 그려진 웨딩 스튜디오가 눈에 들어왔다. 우리나라도 요즘은 결혼식을 도심의 식장에서 하지 않고 제주도 같은 곳에서 신혼여행을 겸해 하는 스마트 웨딩이 붐이라고 하는데 아마도 일본 본토 사람들도 이 섬까지 와서 친지와 친구를 모시고 조촐하게 낭만 결혼식을 올리는 모양이었다. 그러고 보니 SBS 드라마 〈미남이시네요〉에서도 장근석과 박신혜가 오키나와의 '카리유시'라는 리조트에서 야외 결혼식을 하는 장면이 있었던 것 같다. 카리유시는 오키나와 말로 '기쁜 일' '행운'을 뜻하니까

우리말로 하자면 '행운 예식장'에서 결혼한 셈이라고나 할까?

오키나와를 여행하다 보면 '카리유시'라는 단어가 들어간 지명들이 꽤 많은데, 유명한 비치 중에 카리유시 비치가 있고 또 고쿠사이도리의 제일 무카시 공설시장 옆 골목 중에도 카리유시길이 있다.

중앙통길을 지나 메인 스트리트인 긴자 거리로 접어들었다. 메인 스트리트라고 해 봤자 총 길이가 300m나 될까 싶은 작은 골목길에 불과했지만 지방 소도시에 가면 만날 수 있는 사람냄새와 정겨움이 잔뜩 묻어나는 거리였다. '붉은 돼지'라는 식욕을 자극하는 이름의 정육점, 동네 어린이들이 들어가지 않으려고 엄마와 몸싸움을 하는 모습이 눈에 선하게 그려지는 코다마 치과, 옛 류쿠 왕국의 영토가 아니랄까 봐 샤미센 소리가 청승맞게 들려오는 샤미센 끽다점, 그리고 영화 〈안경〉에서 고바야시 사토시가 쇼핑을 하던 'A-Coop'이라는 이름의 슈퍼마켓도 이 긴자 거리에 서로서로 몸을 맞댄 채 자리하고 있었다. 마침 출출하기도 하고 또 숙소는 저녁이 포함 안 된 조식포함만 예약한 터라 어디 적당한 곳에서 소바라도 한 그릇 먹고 들어가려고 두리번거렸지만, '야마 짱 라면', '라면의 왕'이란 간판을 내건 라면집 두어 개만 눈에 띌 뿐 소바집은 보이지 않았다. 같은 류쿠 왕국이었던 지척 지간의 섬인데 왜 소바집은 없고 라면집만 있는지 의구심이 들었지만 동네 사람들한테 따질 수도 없는 터라 마침 눈에 띄는 편의점에서 도시락을 하나 사들고는 마지막 막차를 타기 위해 관광협회 앞 정류장으로 발걸음을 옮겼다.

팥빙수

영화 〈안경〉을 보면 고바야시 사토시가 아침에 눈을 뜨자마자 머리맡에 다소곳이 앉아 있다가 "오하요 고자이마스!"라고 인사를 해오는 모타이 마사코를 발견하고 기겁하는 장면이 나온다. 행여 지금 눈을 뜨면 영화에서처럼 모타이 마사코 할머니가 머리맡에 앉아 있는 것이 아닐까 잠결에 잠시 생각을 해보았지만 그런 일이 있을 리는 만무함을 깨닫고 주섬주섬 자리에서 일어났다.

오후 2시에 출발하는 나하 행 크루즈를 타야 하기 때문에 요론지마를 좀 더 둘러보기 위해서는 아침 일찍부터 부지런히 움직여야 할 터였다. 달착지근하면서도 담백한 느낌을 주는 일본식 아침 식사를 마친 후 본격적으로 요론지마를 탐색할 준비에 들어갔다. 영화에서 "봄에 이 섬을 찾는 여행자들은 '사색을 잘할 수 있는 자질'을 갖추고 있다."라는 장면이 나오지만 아무래도 나는 사색보다 산책에 더 특화되어 있는 터라 간단한 복장에 카메라만 하나 둘러메고 숙소를 나섰다.

숙소에서 가장 가까운 버스 정류장의 첫 버스 도착시간까지는 꽤 여유가 있었으므로 숙소 밑쪽에 있는 아카자키 해안을 먼저 가보기로 했다.

요론 민속박물관을 지나 조금 더 걸어 들어가자 양옆으로 아카자키 등대와 풍력발전기 날개를 거느린 아카자키 해안이 눈에 들어왔다. 이른 시간이어서인지 해변이나 그 옆에 펼쳐진 작은 어항 어디에도 사람의 기척은 느껴지지 않았다. 해변에서 사진 몇 장을 찍고는 다시 오던 길로 되돌아 나오는데 'YORON GUIDEMAP'이 그려진 커다란 입간판이 눈에 띄었다. 고래 그림과 열대어 그림 사이에 스노클링 포인트가 표시되어 있거나 산책로가 보기 편하게 표시되어 있는 등 말 그대로 한눈에 섬의 지형지물을 파악할 수 있는 그림지도였다. 그러고 보니 요론지마는 얼핏 입이 뾰족하게 튀어나온 열대어 형상을 하고 있었다. 입 튀어나온 열대어 이름이 뭐였더라? 잠시 고민을 하고 있는데 지도 밑에 **'가키고리 있음' '미소 식당'** 이라는 글귀가 확하고 내 눈을 사로잡았다.

영화 〈안경〉에는 안경이라는 주 오브제가 있지만 개인적인 관점에서는 빙수가 더 가시적인 오브제 역할을 한다고 생각해 왔다. 물론 제목이 제목이니만큼 안경을 첫손가락에 꼽을 수 있겠지만 영화가 끝날 때까지 "왜 제목이 안경일까?"라고 고개를 갸우뚱거릴 정도로 사실 안경의 존재감은 미미하다. 영화를 보고 난 한참 후에야 "아! 그러고 보니 등장인물들이 모두 안경을 썼구나!" 하고 뒤늦게 깨닫게 되는 안경에 비해 빙수는 영화 도입부부터 강렬한 존재감으로 다가온다. 고바야시 사토시와 모타이 마사코가 처음 만나는 장면에서 모타이 할머니가 외치는 말이

YORON GUIDEMAP
着いたその日から快適な休日

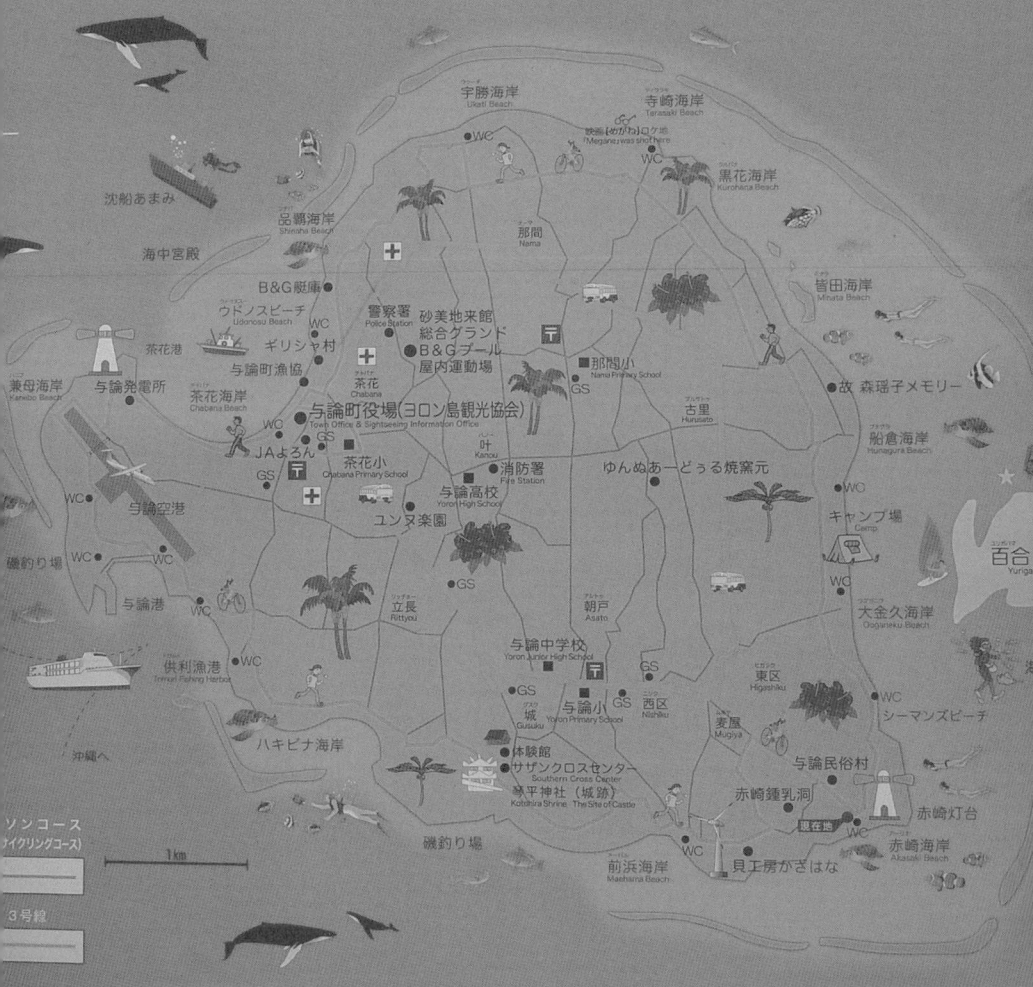

바로 **고리 아리마스!(빙수 있어요!)** 이다. 빙수를 별로 좋아하지 않는 사
토시가 결국은 빙수를 먹게 됨으로써 다른 등장인물들과 소통을 하게
되는데 이 소통의 매개체 역할을 해주는 연결고리를 빙수가 맡고 있다.
그런 점에서 보았을 때 영화의 주 오브제가 빙수라고 쳐도 안경은 사실
항의할 입장이 못 된다. 영화 속에서 모타이 할머니가 그 짧은 팔로 애
써서 갈아 내오는 빙수 값은 모두 물물교환으로 이루어진다. 농부 아주
머니는 직접 기른 야채를, 어린 소녀는 돼지 모양의 종이접기를 내온다.
심지어 유지 상과 하루나는 만도린 연주라는 요즘 유행하는 재능기부로
빙수값을 대신한다. 모타이 할머니의 가키 고리를 먹기 위해 나는 과연
어떤 물물교환이나 재능기부를 할 수 있을까? 빙수를 너무 좋아한 나머
지 '팥빙수' 라는 노래까지 부른 윤종신만큼 나도 빙수를 참 좋아한다.

얼음에 팥 얹히고 프루츠 칵테일에 체리로 장식해
찰떡 젤리 크림 연유 빠지면 섭섭해

윤종신은 빠지면 섭섭하다고 하는 잡다한 고명을 나는 싫어하는 편이
다. 오로지 팥과 연유만 넣은 클래식한 팥빙수를 선호한다. 제과점에서
빙수를 테이크아웃 할 때는 후르츠 칵테일이나 떡 같은 고명을 빼 달라
고 특별주문을 하곤 하는데 잠시 한 눈 파는 사이 후르츠 칵테일을 듬뿍
넣어주던 주인에게 화를 낸 적도 있다. 요컨대 빙수만큼은 심플한 것이

최고라는 생각에는 변함이 없다. 예외가 있다면 이화여대 앞 우동 집에서 파는 수박빙수이다. 영화에서 가키 고리를 먹은 카세 료가 "내 인생 최고의 빙수!"라고 감탄하는 장면이 나오는데 내 인생 최고의 빙수는 바로 이대 앞 '가미 우동'에서 맛본 수박빙수이다. 태국에도 빙수가 있는데, 어릴 적 학교 앞에서 사 먹던 불량 식품처럼 딸기 맛의 빨간 물과 메론 맛의 초록색 물에 설탕 시럽이 뿌려져 나온다. 베트남식 빙수인 쩨는 의외로 입에 잘 안 맞았던 것 같다.

빙수를 먹기에는 조금 이른 시간이었지만 혹시 하는 마음으로 아카자키 비치 입구에 있는 미소 식당을 찾기로 했다. 식당 입구에는 나보다 먼저 온 초로의 남자 두 명이 느긋하게 의자에 앉아서 빙수를 먹고 있었는데 짧게 자른 머리와 단단해 보이는 체구로 미루어 얼핏 야쿠자 조직원 같은 분위기가 났다. 영화 〈소나티네〉에서 범죄를 저지르고 오키나와로 도망쳐 온 키타노 다케시 일당이 해변에서 모래 장난을 치던 것처럼 두 남자는 천진난만한 표정으로 빙수를 맛나게 먹고 있었다. 괜히 시비를 걸어오지 않을까 조금 두려운 마음도 들었지만 그들이 먹고 있던 딸기 맛 빙수의 고혹적인 붉은 색깔이 그런 두려움 따위는 단박에 물리칠 정도로 강렬하게 다가왔다. 메뉴판을 보니 연유 빙수 외에도 딸기 맛, 메론 맛 등 골라 먹는 재미가 있는 다양한 빙수들이 자기를 간택해 달라고 유혹의 눈빛을 보내오고 있었다. '그냥 연유 빙수를 먹을까? 야쿠자 아저씨들이 먹고 있는 딸기 맛 빙수도 맛나 보이는데? 아님 이참에 메론 맛

빙수 맛을 한 번 볼까?' 오랜 방황 끝에 결국은 조강지처에게로 돌아가는 난봉꾼 같은 심정으로, 나는 장고를 거듭한 끝에 연유 빙수를 주문하기로 결심했다.

테라자키 해안

빙수가 영화 〈안경〉에서 중요한 오브제 역할을 한다면, 영화 속에서 가장 중요한 의미가 있는 장소는 단연 테라자키 해안이다. 모타이 마사코 할머니의 시범 아래 마을주민들이 '메르시 체조'를 하던 넓은 비치가 바로 테라자키 해안인데 나무로 만들어진 빙수가게가 자리하고 있던 곳이기도 하다. 숙소 위쪽에 있는 버스정류장에서 남쪽 순환버스를 타고 지도에 표시되어있는 대로나마 정류장에 내렸다. 테라자키 해안을 가리키는 십자모양의 하얀 표시목을 따라 바닷가 방향으로 내려가고 있는데, 갑자기 뒤에서 자동차 경적 소리가 났다. 뒤돌아보니 빨간 택시 안에서 어제의 그 수다쟁이 기사가 손으로 전화모양을 만들어 귀와 입에 댄 채 내일 전화하라는 마임 동작을 보내고 있었다. 갑자기 저 택시기사는 파나우루 왕국의 교통장관 겸 경찰청장이 아닐까 하는 불길한 생각이 머리를 스쳐 지나갔다. 애매한 웃음을 흘리면서 나는 황급히 비치 쪽으로 발걸음을 옮겼다. 얕은 언덕길을 내려서자 파인애플을 닮은 판다누스 유틸리스 나무들 틈으로 밀가루처럼 뽀얀 백사장과 짙푸른 바다가 한눈에 들어왔다.

'영화 〈안경〉 촬영장소 – 토우마이 비치(테라자키 비치)' 라고 쓴 작은 푯말을 지나 해변으로 들어섰다. 아무도 없을 것 같았던 해변에는 나보다 먼저 온 방문객이 이미 백사장을 선점하고 있었다. 대학생 차림의 젊은 남자가 맨발로 빈 모래사장에 삐뚤삐뚤 발자국을 남기는 장난을 치다가 떨떠름한 표정으로 건성 목례를 보내왔다. 혼자만의 오붓한 시간을 방해한 것 같아 조금 미안한 마음도 들었지만 피차 마찬가지일 터였다. 소심한 탓에 뭔가 꼬투리를 잡을 일이 없을까 호시탐탐 곁눈질하던 내 눈에 안경을 쓰지 않은 그 남자의 맨얼굴이 확하고 들어왔다.

'〈안경〉 촬영지에 오면서 안경을 안 쓰고 와? 기본 예의가 없구먼! '안경'에 담긴 감독의 메시지를 뭐로 본 거야?' 모타이 마사토가 고바야시 사토시를 자전거로 태우러 가면서 짓던 뭔가 책망하는 듯한 근엄한 표정으로 나는 그 젊은 남자에게 짐짓 눈총을 주어 보았다. 하지만 남자는 내 눈총의 의미를 무심하게 흘려버리고는 옆에 있는 다른 해변으로 휙 하니 걸어가 버렸다. 이제 영화 속에서 주인공들이 메르시 체조를 하던 해변이 고스란히 내 몫이 된 셈이었다. 혹시나 모사이 마사토가 "고리 아리마스!" 하고 외치던 목조 가게가 남아 있을까 봐 영화 속 위치를 가늠해 보았지만 해변 어디에도 인공 구조물은 보이지 않았다.

'**따라란 따라란 따라란란란**' 머릿속으로 메르시 체조 때 흘러나오던 반주 음악을 떠올리며 나는 영화 속에서 모타이 마사코가 하던 부르르 떠는 춤 동작을 따라 해보았다. 모타이 마사코는 참 묘한 매력을 지닌 배우이다. 처음 〈카모메 식당〉에 나온 그녀를 보았을 때 처음 든 생각은 '저렇게 생긴 사람도 배우를 하는구나!' 였다. 하지만 그녀가 출연한 영화를 하나둘씩 보게 되면서 그녀만의 카리스마와 매력에 저절로 빠져들게 되었다. 오기가미 나오코 감독의 영화에는 고바야시 사토미와 모타이 마사코라는 두 명의 페르소나가 존재한다. 개인적인 생각이지만 오기가미 감독은 단아하고 조신한 이미지의 고바야시 사토미에게서는 의외로 깨알 같은 유머를 이끌어내는 반면 모타이 마사코에게서는 극을 이끌어가는 카리스마와 무게감을 요구하는 것 같다. 〈카모메 식당〉〈안경〉〈요시노 이발관〉〈토일렛〉 등 오기가미 감독이 연출한 대부분의 영화에 고바야시 사토미는 빠져도 모타이 마사코는 언제나 함께 하는 걸로 봐서 어쩌면 모타이 마사코가 오기가미 감독의 진정한 페르소나가 아닐까 하는 생각도 든다.

테라자키 해안에는 메르시 체조 장면을 찍은 해변 옆에 또 하나의 작은 비치가 있다. 고바야시 사토미가 비치의자에 앉아서 뜨개질을 하던 해변으로 기억되는데 검은 바위가 듬성듬성 백사장 안에 자리 잡고 있는 아담한 해변이다. 특별한 볼거리가 없어서 막 돌아서려는 내 눈에 얼핏 바닷가의 바위들 위로 커다란 통나무가 보였다. 제법 굵고 긴 통나무는 몇 개의 바위를 가로질러 해변 끝까지 맞닿아 있었다. 신을 벗어들고 조심조심 통나무 끝까지 가 보았다. 나무 끝에 살짝 앉아보니 마치 내 몸이 바다 위에 둥실 떠있는 것 같은 묘한 느낌이 왔다. 영화 〈타이타닉〉에서 레오나르도 디 카프리오와 케이트 윈슬렛이 배 앞 난간에 서서 느꼈을 기분을 충분히 이해할 수 있을 것 같다. 그리고 눈앞에 펼쳐진 바다는…, 말 그대로 세상의 모든 푸른색이 뒤섞인 것 같은 눈부신 에메랄드빛이었다. 세상에는 Blue라는 이름이 붙은 색이 얼마나 될까? 아쿠아 블루, 페르시안 블루, 코발트블루, 터키 블루, 스카이 블루, 러시안 블루….
사이판의 마나가하 섬 주변 바다는 하루에 일곱 빛깔의 바다색을 보여준다고 하는데 테라자키 해안의 바다도 그 못지않게 눈이 시릴 만큼 아름다움을 간직하고 있었다. 나는 통나무 위에 걸터앉아서 맨발을 바다 배경으로 해서 한 장, 신었던 스니커즈를 통나무 위에 걸쳐놓고 한 장, 온갖 포즈를 다 취해가며 자칫 무료할 수 있는 시간을 제법 재미나게 보냈다. 급기야 바닷가 바위 쪽으로 내려와서는 죽어서 껍질만 바위틈에 남아있는 게를 관찰하거나 다가가면 사르륵 숨어버리는 갯 곤충들과 숨바꼭질을 하며 혼자서 신나게 뛰어다니기도 했다.
이상의 수필 '권태'를 보면 평안남도의 시골로 내려간 주인공이 개울가에서 온갖 것들을 관찰하며 시간을 보내는 장면이 나오는데 이상이 이곳에 왔더라면 어떻게 놀았을까 하는 엉뚱한 상상도 해 보았다. 그러고

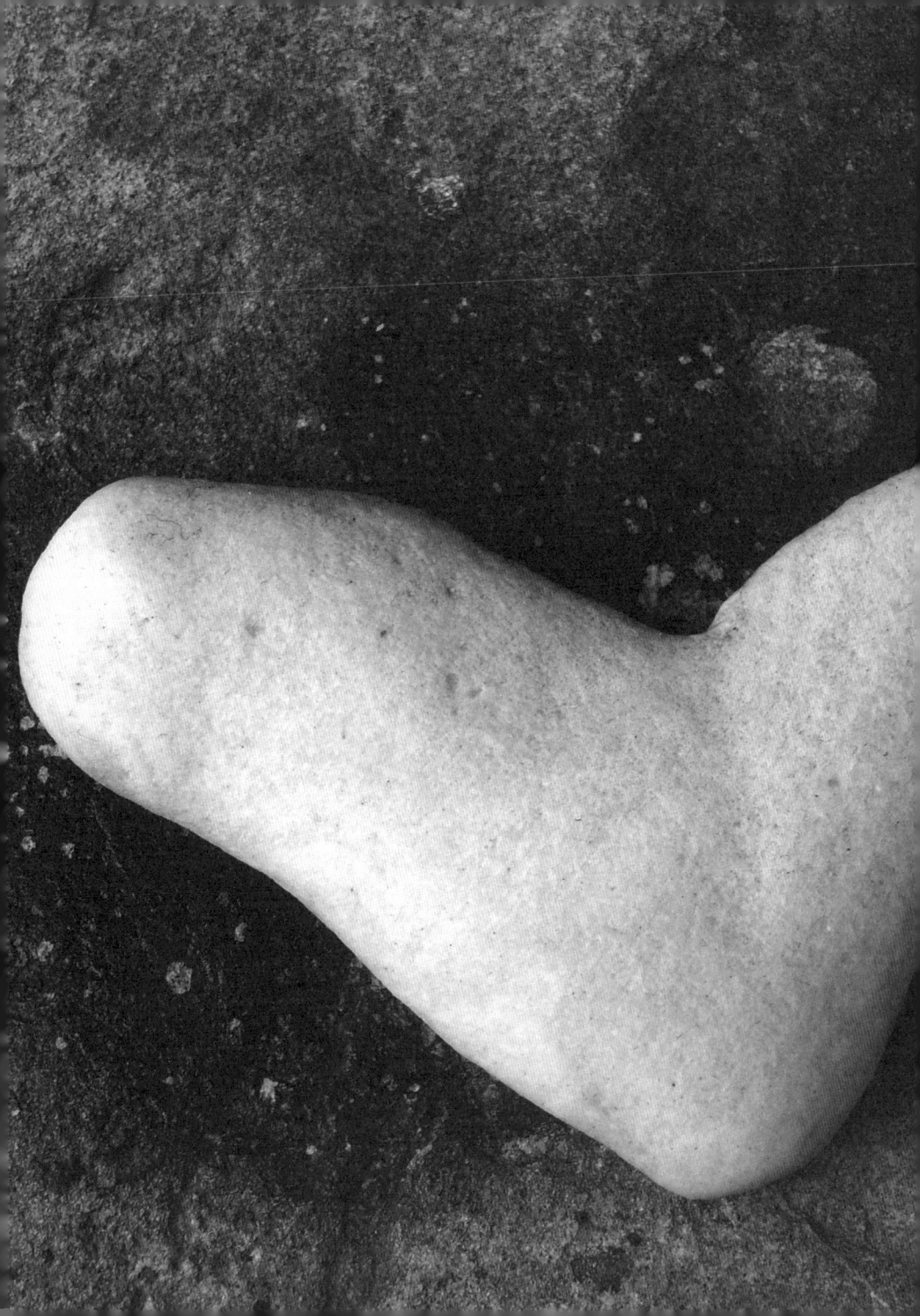

보니 이상이 자전적 수필 '권태'에서 안경에 대한 언급을 했던 기억도 났다. '소의 뿔은 벌써 소의 무기가 아니다. 소의 뿔은 오직 안경의 재료일 뿐이다.' 아마도 이상이 요론지마에 왔더라면 섬에 있는 물소의 뿔을 모조리 뽑아서 온갖 모양의 안경테를 만들었을지도 모른다.

해변을 빠져나오려던 중에 잠시 바닷물에 발이라도 담글 요량으로 물가로 다가가 보았다. 모래사장에는 파도가 칠 때면 물에 잠겼다가 파도가 밀려가면 몸을 드러내는 조개껍질들이 여기저기 흩어져 있었다. 약간은 키치적인 기분으로 작은 조개껍질을 몇 개 주워서 주머니에 넣었다. 마침 하트모양을 한 산호 돌 조각이 눈에 띄어서 그것도 냉큼 집어 들었다. 오는 길에 발견한 붉은 돌판 위에 하트 모양의 산호 돌을 올려놓고 사진을 찍으니 밸런타인데이 때 카드로 사용해도 될 법한 제법 괜찮은 결과물이 나왔다.

테라자키 해안에서 나오면서 시계를 보니 다시 숙소로 돌아가기에는 애매한 시간. 숙소로 돌아가 배 시간까지 어중되게 시간을 보내는 것보다는 도보 산책을 하는 것이 언제 다시 와볼지 모르는 이곳에서의 소중한 시간을 잘 활용하는 방안 같아 내처 차바나 시까지 걷기로 했다. 요론지마에는 제주도의 올레길 같은 도보여행 길은 없지만 해안을 따라 조성된 산책길이 마라톤 코스 역할도 겸할 정도로 섬 전역을 촘촘하게 연결해 주고 있었다. 해안을 벗어나자 비교적 잘 정돈된 도로 옆으로 온통 사탕수수밭이 펼쳐졌다. 갑자기 사탕수수밭에서 휙 하고 빨간 날개를 가진 작은 새 한 마리가 튀어 올랐다. 그러고 보니 한 마리가 아니었다. 인기척 때문인지 내가 발걸음을 옮길 때마다 마치 내 발에 차이기라도 한 듯 여기저기서 푸드득 소리를 내며 새들이 내 옆을 스쳤다가 도로 위에 툭 하고 떨어졌다. 가까이 다가가서 보니 새가 아니라 제법 큰 메뚜기였다. 날개 밑 부분이 온통 빨간색이라 얼핏 하늘을 날아오를 때는 붉은색 벌새처럼 보였던 거였다. 이놈들은 크기도 꽤 컸을 뿐 아니라 사탕수수 풀을 뜯어 먹고 자라서인지 제법 비만형 몸매들을 가지고 있었다. 휙 하니 날아오를 때는 기세 좋게 튀어 올랐지만 도로 위에 착지할 때는 올림픽 체조 심사위원들 점수로 거의 10점 만점에 5점도 못 받을 정도로 뒤뚱대고 불안스럽게 내려앉았다. 어디 다치지나 않았을까? 보는 내가 다 조마조마할 정도였다. 나는 메뚜기 떼가 괜히 나 때문에 날아오르다가 착지불안으로 상처라도 입을까 봐, 발뒤꿈치를 든 채 살금살금 발을 내디뎠다.

아날로그적 감성, 요론지마

영화 〈안경〉에서 가장 아날로그적 감성을 잘 드러내 주는 장면은 첫 민박집인 하마다 장을 뛰쳐나온 고바야시 사토미가 새로운 숙소 '마린 파-레스'를 찾아가는 장면일 것이다. 하마다 장 주인인 유지 상이 그려준

지도에는 변변한 이정표 하나 없이 달랑 이 말만 있다.
"왠지 불안해지는 시점에서 참고 2분 정도만 더 가면, 오른편에 목적지가 있다"
영화를 볼 때는 과연 저게 가능할까 싶었지만 온통 사탕수수밭뿐인 한적한 길을 걷다 보니 정말로 저 지도만 있어도 요론지마에서는 충분히 길을 찾을 수 있을 것 같은 느낌이 들었다. 심지어 땡볕을 걷느라 왠지 목이 말라오는 시점에서 참고 2분 정도만 더 가면 눈앞에 떡하니 음료수 가판대가 나타나기도 할 정도였다.
1시간 정도 걸었을까? 길가 전신주에 매달아 놓은 스피커에서 정시를 알리는 음악 소리가 들려왔다. 귀에 익은 멜로디다 싶어 귀 기울여보니 어릴 적 음악 시간에 자주 부르던 베르너의 가곡 '장미화' 였다.

**웬 아이가 보았네 들에 핀 장미화
갓 피어난 어여쁜 그 향기에 탐해서
정신없이 보네 장미화야 장미화
들에 핀 장미화**

요술램프를 문질러 잠자고 있던 지니를 불러낸 알라딘처럼 어릴 적의 소중한 추억들을 끄집어내 준 요론지마가 점점 더 좋아지기 시작했다. 기억나는 모든 가곡을 끄집어내 부르며 나는 뜨거운 아열대 섬의 한가운데를

씩씩하게 걸어나갔다. 저 멀리 그새 낯이 익어버린 차바나 시가 조금씩 모습을 드러내기 시작했다.

요론 관광협회 앞 정류장에서 남쪽 순환버스를 타고 숙소로 돌아온 나는 아열대 섬의 태양에 한껏 데워진 몸을 차가운 샤워 물로 식히고 서둘러 배를 타러 갈 준비를 했다. 문제는 선착장까지 갈 교통편이었다. 어제의 그 택시기사를 부르기에는 기사 아저씨가 수다쟁이라는 점은 둘째 치고 무엇보다도 택시비가 너무 아까웠다.
"1500엔이면 소키 소바가 몇 그릇이야?"
고민하는 내게 주인아주머니가 외출복 차림으로 다가왔다.
"공항에 손님 마중 나가는 길인데, 선착장까지 태워 드릴게요"
혹시나 택시기사, 아니 파나우루 왕국의 경찰청장과 마주칠까 봐 가슴을 졸였지만 다행히 선착장에 어제의 붉은색 미나미 택시는 보이지 않았다. 야반도주하는 빚쟁이처럼 손으로 얼굴까지 가리며 배에 오르고 나니 그제야 마음이 놓여왔다.
"왠지 불안해지는 시점에서 참고 2분쯤 더 오니 이렇게 마음이 편해지는구나!"

요론지마가 서서히 멀어지고 있었다. 고바야시 사토시가 원했던 것처럼 휴대폰이 터지지 않는 섬은 아닐지라도 요론지마는 충분히 슬로

라이프에 최적화된 섬이 분명했다. 점점 인구가 줄어드는 다른 섬들과 달리 요론지마는 슬로 라이프를 갈구하는 사람들의 유입이 점차 증가하고 있다는 통계가 허황돼 보이지 않을 정도로 아날로그적 감성을 지닌 매력적인 섬이었다. 더군다나 나는 파나우루 왕국의 시민이 아닌가? 조금 전 배 위에서 찍은 선착장 사진들을 하나 둘 점검하던 나는 소스라치듯 놀라 비명을 지를 뻔했다. 배 위에서 선착장을 내려다볼 때는 미처 알아채지 못했지만 사진 속 선착장 한구석에 어제의 그 택시가 세워져 있었던 것이다. 어쩌면 그 택시기사는 파나우루 왕국의 CIA 국장이 아닐까? 다음 방문 때 **'입국불가!'** 블랙리스트에 걸려드는 모습을 상상하며 나는 이마에 흐르는 식은땀을 손으로 훔쳐내었다. 저 멀리 섬 중앙에 상투 모양의 뾰쪽한 산을 가진 오키나와 부속 섬인 이에야마가 모습을 드러내고 있었다.

フェアトレード ＆ オーガニック　　オリジナルTシャツ

なちゃらる宇宙人

ゆい口
0980-

셋째 날: 낭만적 항구도시, 이시가키

"달에 소원을 별에 소원을 언제까지나 카리유시의 밤
잊지 않도록 노래하자 춤추자 손과 손을 잡고"
- BEGIN의 노래 '카리유시의 밤' 중에서

라쿠텐야

야에야마(팔중산) 제도의 중심지인 이시가키지마는 오키나와 본섬으로 부터 서남쪽 약 400km에 위치한 이도 교통의 중심이 되는 섬이다. 이리오모테지마, 다케토미지마, 고하마지마 등의 가까운 섬은 물론 멀리 대만 쪽으로 혼자 뺄쭘히 달아나 있는 요나구니지마까지, 야에야마 제도의 모든 섬을 가기 위해서는 이시가키지마의 이도 터미널에서 배를 타야 한다. 우리나라는 본섬에서 떨어져 있는 섬들을 낙도라고 부르지만 일본은 낙도라고 하지 않고 대신 떨어져 있는 섬이라는 의미의 이도라는 표현을 쓴다.

오키나와 본섬에서 이시가키지마까지는 배로 약 14~5시간 걸린다는 인터넷 정보를 믿고 나하의 고쿠사이도리에 있는 여행사에서 배편을 예약하려 했지만, 불행히도 나하 ~ 이시가키지마를 오가는 배편은 현재 운항정지 중이라는 대답이 돌아왔다. 아마도 수지가 맞지 않는 만성적자 노선이기 때문인 것 같았다. 가능하면 오키나와 제도의 모든 섬을 배편으로 이동하려는 계획을 접고 나하 ~ 이시가키지마 구간은 비행기를 이용할 수밖에 없었다.

아침 일찍 나하 공항을 출발한 비행기는 때마침 내리는 빗줄기를 헤치고 이륙한 지 채 한 시간도 되지 않아서 이시가키 공항에 도착했다. 혹시 요론지마처럼 대중교통이 없을까 내심 걱정했지만 공항에서 이도 행 선박 터미널이 있는 이시가키 시내까지는 셔틀버스가 수시로 운행되고 있었다. 이시가키 시내에 내려서는 오키나와에서 구매한 가이드북을 보고 미리 점찍어둔 '라쿠텐야' 라는 민슈쿠(민박집)를 찾아 나섰다. 이시가키시 공설시장을 지나자 하얀색 페인트가 칠해진 2층 목조가옥이 한 채 눈에 들어왔다. 붉은색 노란색 꽃들 사이로 '라쿠텐야' 라는 간판이 보였는데 아담하지만 범상치 않은 모습의 게스트 하우스였다. 벨을 누르고 나서 한참만에야 세탁용 고무장갑을 손에 낀 채 안채 쪽에서 뛰어

나온 여주인은 늦게 나온 대가라고 하면서 이층의 가장 전망 좋은 방을 배정해 주었다. 방 자체는 별로 특별할 것 없는 다다미방이었지만 나는 창문에 드리워진 붉은 꽃과 어항처럼 생긴 투명한 유리공 장식이 꽤 맘에 들었다. 창문 밖으로 바라본 전망도 나무랄 데 없었다. 이시가키 공설시장 입구가 시야 안으로 들어왔고 자전거를 타고 등하교하는 학생들의 모습도 손에 잡힐 듯했다. 2층 복도는 어릴 적 초등학교의 교실복도처럼 몇 줄의 긴 나무판자로 되어 있었는데 바닥은 빤질빤질하게 윤이 날 정도로 잘 손질되어 있었다. 복도 끝에는 소파가 놓인 작은 코지(Cozy) 코너가 있었고 서가에는 꽤 많은 양의 소설과 잡지, 만화책들이 가지런히 꽂혀 있었다. 계단 쪽의 벽에는 앙증맞은 소품들이 보석처럼 촘촘히 매달려 있었는데 그중에는 낡은 하모니카를 분해해서 5겹의 별 모양으로 만든 소품도 있었다. 작은 탁자 위에 놓인 어항 안은 수초 대신 붉은 꽃으로 장식되어 있었는데 작은 금붕어 한 마리가 울긋불긋 꽃대궐 같은 어항 속을 천천히 헤엄치고 있었다. 서가에서 책을 한 권 빼들었다. 요시히로 고이즈미라는 작가가 쓴 미니멀한 느낌의 작은 그림책이었다.

'전쟁에서 죽은 병사이야기' 라는 제목의 몇 장 되지 않은 카툰으로 구성된 책은 외양과는 달리 많은 것을 생각하게 해주었다. 첫 장은 호수 옆에 죽어있는 병사 컷으로 시작한다. 그 뒷장부터는 시간을 거꾸로 흘러 첫 장인 '병사의 탄생' 으로 진행된다.

"병사 한 명이 죽어있다"

"1시간 전, 병사는 살아서 전투 중이었다."

"8시간 전, 병사는 전우들과 기지에서 아침 식사를 했다"

"이틀 전, 이 기지에 배속되어 왔다"

"24년 전 오늘, 세상에 태어났다."

Enigma의 'Return to Innocence' 뮤직비디오와 흡사한 영상구성으로, 아군 적군을 떠나 사람의 목숨은 다 소중하고 또 개개인의 삶에는 그만의 히스토리가 존재한다는 작가의 작지만 큰 메시지가 가슴에 와 닿았다. 클린트 이스트우드 감독의 태평양 전쟁 2부작 중에 〈아버지의 깃발〉과 〈이오지마에서 온 편지〉가 있다. 똑같이 이오지마 전투를 다루었지만 〈아버지의 깃발〉은 미국인의 시각으로 그리고 〈이오지마에서 온 편지〉는 적군인 일본인의 눈으로 바라본 전쟁을 그렸다. 오키나와를 여행하다 보면 아직도 남아있는 전쟁의 상흔을 느낄 수 있는데 징용이나 징병되어 머나먼 타향 땅에 와서 목숨을 잃은 우리 선조들이 생각보다 많음에 마음이 무거워지기도 한다. 기회가 되면 징용이나 징병으로 끌려온 한국인을 주인공으로 세삼자의 시각으로 본 소설을 써보고 싶은데 역량부족이라 늘 꿈만 꾸고 있는 셈이다.

히라구보 등대

이시가키지마의 주요 볼거리는 섬 최고의 절경이라는 카비라만과 히라구보 등대이다. 섬은 그리 크지 않지만 종으로 길게 형성된 섬이어서 남북으로 종주하기에는 꽤 시간이 소요된다. 우선 두 장소 중에서 더 먼 거리에 있는 히라구보 등대부터 찾아가기로 했다. 히라구보 등대는 이시가키지마를 홍보하는 팸플릿이나 여행잡지에 빠지지 않고 실리는 하얀 등대와 그 앞의 눈부신 푸른 바다가 인상적인 머스트 고(Must Go) 관광 포인트이기도 하다. 남녀 고등학생들의 밴드 결성 이야기를 다룬 나카에 유지 감독의 〈코이시쿠테(그리워서)〉 라는 영화에는 주인공들이 이 하얀 등대 앞에서 악기를 세팅해 놓고 신나게 연주를 하는 장면도 나온다.

아침 일찍 비행기를 탄 탓에 샤워를 하고 나왔어도 아직 시간은 11시가 채 안 된 터이어서 느긋한 마음으로 라쿠텐야를 나섰다. 항구 근처에 있는 버스 터미널에 가서 시간표를 보니 낮 11시 20분에 출발하는 히라노 행 버스가 히라구보 등대를 경유하는 걸로 나와 있었다. 터미널 가게에서 생수를 한 병 산 다음 곧바로 히라노 행 버스에 몸을 실었다. 터미널에서 얻은 타임 테이블에는 히라노 행 버스가 오전 11시 20분과 오후 4시 15분 두 차례밖에 없었다. 그런데 조금 이상한 부분이 눈에 띄었다. 히라구보 등대 앞 정류장에는 12시 45분에 도착하는데 섬 북쪽 끝을 거쳐 다시 돌아오는 버스는 1시 15분에 등대 앞 정류장을 지나친다는 점이었다.

"정류장에 내려서 20분 만에 등대를 보고 다시 회귀하는 버스를 탈 수가 있을까? 현실적으로는 도저히 불가능할 것 같은데 그래도 그게 가능하기에 타임 테이블을 그렇게 짜 놓지 않았을까?"

이시가키 공항의 관광안내소에서 얻은 가이드북에 승용차를 이용한 How to get there에 대한 정보는 잘 나와 있었으나 대중교통을 이용하는 개별 관광객의 동선을 고려한 세밀한 정보는 없었기 때문에 나는 아주 난감해졌다. 버스 기사에게 다가가서 손짓 발짓으로 물어보니 기사도 이런 상황을 접해보지 못했는지 고개만 갸우뚱거릴 뿐이었다. 아마도 히라구보 등대를 버스를 타고 오는 관광객은 거의 못 본 듯했다. 일단 부딪혀 보기로 했다.

배낭여행을 하면서 깨닫게 된 진리가 '고민만 하지 말고 일단 부딪혀 보라!' 였기 때문에 나는 버스에서 내려 등대를 향해 씩씩하게 전진해 나갔다. 버스 정류장에서 10분쯤 올라갔는데도 불구하고 등대는커녕 인공 구조물 하나 없는 빈 벌판이 계속되었다. '회귀 버스를 탈 수도 있지 않을까?' 하는 희망은 이미 물거품이 되어 버린 지 오래였다. 마침 승용차 하나가 비탈길을 따라 올라오기에 혹시나 태워줄까 싶어 손을 흔들어 보았지만 운전대에 앉아있던 남자는 뒤도 안 돌아보고 휭하니 사라져 버렸다. 10분쯤 더 걸어 올라가자 '등대입구' 라는 표지석이 보였다.

표지석에서 계단을 따라 다시 100m쯤 더 올라가자 마침내 히라구보 등대가 모습을 드러냈다. 에메랄드 빛 바다를 배경으로 표표히 서 있는 하얀 등대의 모습은 올라오기까지의 불유쾌한 기분을 상쇄시킬 만큼 눈부시게 아름다웠다. 산호초 라군(Lagoon)의 에메랄드 바다색과 하얀 등대를 따로따로 보기는 쉬워도 이 두 가지가 함께 조화를 이루고 있는 풍광은 보기 쉽지 않을 터라 히라구보 등대의 전경은 말 그대로 장관이었다. "이런 풍경은 슬라이드 필름을 물린 필름카메라로 찍어야 하는데!" 여행을 하면서 무겁고 불편한 필름카메라를 가져오지 못한 것을 후회할 정도였다. 전망대에는 나무로 울타리가 쳐져 있고 그 앞에는 '이시가키지마 최북단'이란 팻말이 세워져 있었다. 외지에서 온 관광객으로 보이는 중년 여성 두 명이 황홀한 바다 색깔에 놀라 넋이 빠져 있는 모습이 눈에 들어왔다. 사진 찍기 조금 더 좋은 포인트를 찾기 위해 언덕을 몇 발자국 더 올라가 보았다. 전망대에서 보는 광경보다 더 넓은 시야를 확보한 나는 광각렌즈가 달린 카메라를 꺼내 눈이 시릴 것 같은 풍경을 차곡차곡 담았다. 등대를 내려오자 이제 슬슬 이시가키 시내로 돌아가야 하는 현실적 문제가 걱정되기 시작했다. 전망대에서 본 중년여성들에게 동승을 부탁해보려 두리번거렸지만 두 사람은 이미 자리를 뜬 후였다. 하루에 두 번 운행되는 다음 버스 시간까지는 무려 3시간 이상이 남아 있었으므로 일단 걷다가 히치하이크를 노려보는 수밖에 도리가 없었다. 큰 도로로 들어서자 한낮의 태양 아래 흐물흐물 녹아있던 아스팔트의 지열이 확하고 온몸을 덮쳐왔다. 원래 걷는 것은 꽤 자신 있어 하는 터였지만 햇빛을 가릴 키 큰 나무 하나 없는 아스팔트길을 걷는 것은 고통 그 자체였다. 간간이 지나가는 승용차에 대고 애타게 손짓을 해보았지만 대부분이 커플인 탑승자들은 눈길 한 번 주지 않고 매정하게 스쳐 지나가 버렸다. 요론지마에서는 뭔가 불안해지는 시점에서 목표지가 나타났고 뭔가 목이 마르는 시점에 음료수 자판기가 서 있었지만 이시가키지마는 그런 요행이 통하지 않았다.

인가 한 채 없는 길을 30분은 족히 걸었을까? 마치 사막 한가운데서 신기루가 나타나듯 저 멀리 차량 한 대가 길가에 정지해 있는 것이 눈에 들어왔다. 필사적으로 다가가 보니 나이 든 남자 한 명이 길가에서 뭔가를 채집하고 있었다. 내 사정 얘기를 들은 늙수그레한 남자는 흔쾌히 동승을 허락해 주었다. 10분쯤 가면 마을이 나오니 거기서 버스가 있는지 알아보자고 친절하게 대안까지 제시해 주었다. 학교 선생님으로 평생을 보내다가 지금은 은퇴한 후 취미인 곤충채집을 위해 일본 전역을 돌아다닌다는 나와타니 상은 곤충채집을 위해 한국도 수차례 다녀왔다고 했다. 잠시 후 작은 마을이 하나 나타났고 나와타니 상은 길가의 가게에 들어가서 주인에게 시내로 들어가는 버스가 있는지를 물어보고 나왔다. 가게에서 사온 차가운 음료수까지 건네며 나와타니 상은 버스는 언제 올지 모르니 조금 돌아가지만 이시가키 시내까지 데려다 주겠다고 했다. 착한 사마리아 인을 만난 나그네처럼 나는 나와타니 상에게 진심으로 고맙다는 인사를 했다.

이시가키 시내까지 가는 동안 우린 서로 고만고만한 영어로 많은 대화를 나눴다. 처음에는 한류에 관해서 얘기하다가 급기야 21세기는 한일 두 나라는 물론 중국을 포함한 동북아시아의 시대가 될 거라느니, 센카쿠 열도 문제 등 서로 간의 첨예한 국경분쟁은 없어야 한다는 글로벌한 문제까지 주제가 비약되었다. 심지어 나와타니 상은 "독도는 한국 땅"이라는 발언까지 함으로써 나를 감동시키기에 이르렀다. '이시가키 시내에 도착하면 나와타니 상에게 맛있는 토니 소바를 대접해야지!' 라는 생각을 하고 있는데 나와타니 상이 갑자기 화제를 바꿨다.

"여나(김연아) 상이 다음 동계올림픽에 출전할 거라고 보나?"

"글쎄? 그건 전적으로 여나의 몫인 것 같다. 참가하든 안 하든 우리는 김연아의 선택을 존중할 거고"

내 대답에 나와타니 상은 고개를 거세게 가로 저었다.

"내 생각에는 꼭 출전할 것 같다. 참가 안 하는 척 아사다 마오를 방심하게 한 다음, 막판에 나올 것이다."

응? 이게 무슨 말인가? 힐끗 운전석에 앉은 나와타니 상을 보니 놀랍게도 얼굴에 적의가 가득 차 있었다. 나도 슬그머니 화가 치솟기 시작했다.

"얼마 전에 아사다 마오의 다큐멘터리를 본 적이 있다. 그 다큐멘터리에서는, 한 번의 시합에서 마오가 악셀과 스핀을 포함해서 총 110번의 회전을 한다고 보여 주었다. 극한의 고통을 겪는 선수들에게, 국가를 떠나서 그들의 노력과 선택에 존중을 보내는 것이 옳다고 본다."

나와타니 상은 말없이 앞만 보며 운전을 했고 잠시 후 이시가키 시내가 눈에 들어왔다. 야에야마 소바 전문점인 토니(Tony) 소바 앞에서 내리면서 나는 나와타니 상에게 같이 점심을 먹자고 청했다. 나와타니 상은 "다이조오부(괜찮다!)"라고 짧게 대답했고 나도 더는 권유하지 않았다. 한동안 화기애애하던 한일 양국 두 중년 남자는 굳은 얼굴로 어색하게 헤어졌다.

"착한 사마리아 인이 나와타니 상의 본 모습일까? 아니면 적의에 가득 찼던 얼굴이 본 모습일까?"

나는 고개를 갸웃거리며 토니 소바집으로 발걸음을 옮겼다.

카비라만

카비라만은 이시가키지마에서 가장 인기 있는 관광 포인트이다. 세계적으로 희귀하다는 푸른 산호의 서식지이기도 하고 바다 물색이 아름답기로 명성이 높다. 토니 소바집에서 나온 나는 잠시 고민에 빠졌다. 지금 숙소로 돌아가서 오후 내내 잠을 자는 것이 나을까? 아니면 내처 카비라만까지 다녀오는 것이 좋을까? 히라구보 등대를 힘들게 다녀오느라 꽤 지쳐있었기 때문에 몸은 전자를 간절히 원하고 있었지만 이미 머리는 카비라만을 보고 오는 것이 향후의 일정을 원활하게 가져갈 수 있을 것이라는 후자를 선택하고 있었다. 섬의 남쪽 끝인 이시가키시에서 북쪽 끝인 히라구보 등대까지의 불편했던 교통편과는 달리, 카비라만이 있는 카비라 공원까지는 버스 터미널에서 약 45분 정도밖에 소요되지 않을뿐더러 노선버스도 꽤 많이 운행되고 있었다. 한낮의 태양 아래서 물도 한 모금 못 마신 채 강행군을 해서인지 설핏 잠이 들었던 나는 버스가 카비라 공원입구를 지나 세계적인 휴양 리조트인 클럽 메드 안에 있는 정거장에 도착해서야 눈을 떴다. 하지만 이번에는 버스가 꼭 짓점을 회귀하는 리턴 스케줄의 도움을 받아 덤으로 클럽 메드 리조트 구경까지 실컷 한 끝에 약 10분 후 무사히 카비라만에 도착할 수 있었다. 카비라만은 물살이 거세 스노클링이나 수영이 금지되어 있고 대신 '가라수(유리) 보트'라는 밑바닥이 유리로 된 유람선을 타고 푸른 산호나 열대어를 볼 수 있었다. 오후 5시가 지난 시간이어서인지 가라수 보트 매표소는 이미 문이 닫혀 있었다. 입구에서 카비라만이 있는 비치까지는 판다누스 유틸리스 나무가 우거진 숲길이 나 있었다. 오키나와를 여행하면서 가장 이상하게 느껴지는 것 중의 하나는 아열대 섬인데도 야자수를 좀처럼 보기 어렵다는 점이다. 물론 종려나무 등 유사 야자수는 지천이지만 우리가 흔히 야자수로 부르는 코코넛 팜 트리를 구경하기가 쉽지 않다. 이시가키지마의 경우도 예외는 아니어서 야자 군락지가 따로 있기는 하지만 해변에서 야자수를 본 기억은 없다. 대신 파인애플을 닮은 열매가 주렁주렁 달린 판다누스 유틸리스 나무가 해변을 독차지하고 있다.

무성한 판다누스 유틸러스 나뭇잎을 헤치고 해변으로 들어섰다. 가라수 보트 운행시간이 지나서일까? 석양 무렵의 해변을 즐기려는 가족 단위의 관광객들만 몇 보일 뿐 카비라만은 세계적인 관광 포인트라는 말이 무색할 정도로 한적하기 짝이 없었다. 하루 업무를 마친 가라수 보트 몇 척이 푸른 바다 위에 몸을 뉘인 채 휴식을 취하고 있었고 그 위를 역시 푸르디푸른 하늘과 하얀 뭉게구름이 사이좋게 몸을 맞대고 있었다.

카비라만을 한눈에 조망할 수 있는 전망대에서 사진을 몇 장 찍은 다음 나는 버스 시간이 꽤 남았음에도 불구하고 카비라 공원입구에 있는 버스정류장을 찾아 잰걸음으로 해변을 빠져나왔다. 올 때 조느라 버스가 어느 지점에 섰는지를 기억 못했기 때문에 나는 정거장 즈음에 있는 편의점 주인에게 몇 번이나 버스가 서는 위치와 시간을 확인했다. 그조차 못 미더워 가게 앞 파란색 의자에 앉아 눈이 빠지게 버스를 기다렸다. 혹시나 이 막차를 놓치면 또다시 히라구보 등대에서의 악몽이 재현될까 봐 조바심치던 나는 저 멀리서 회귀 버스가 모습을 드러내자 비로소 안도의 숨을 내쉬며 재빨리 버스에 올라탔다.

카리유시의 밤

히라구보 등대에서 돌아 나올 때 한낮의 작열하는 태양 아래서 거의 탈진 지경까지 갔던 탓인지 카비라만에서 돌아오자마자 나는 내처 몇 시간 동안

죽은 듯이 잠만 잤다. 눈을 뜨니 밤 11시가 넘은 시간이었다. 잠을 푹 자서인지 어느새 피로는 말끔히 가셨고 대신에 맹렬한 허기가 몰려왔다. 버스터미널 근처에 있는 야에야마 라면집의 명물인 스테미나 라면을 한 그릇 먹은 다음 원기를 회복해서 기분 좋게 숙소로 돌아오는데 여주인이 부리나케 문을 열고 나오는 모습이 보였다. 야심한 시간에 어딜 그렇게 바삐 가냐고 물었더니 별을 보러 가는 길인데 괜찮으면 같이 가지고 했다.

'별을 보러 간다고? 근처에 별을 볼 수 있는 언덕 같은 곳은 없었는데?' 얼떨결에 여주인을 따라나섰다. 골목 몇 개를 돌자 건물들 사이로 그나마 하늘이 온전히 보이는 탁 트인 공간이 나타났다. "저기, 별과 달이 보이죠?" 여주인이 손가락으로 가리키는 밤하늘에는 놀랍게도 마치 사회주의 국가의 국기에서나 볼 수 있는 별과 달이 아래위로 사이좋게 자리하고 있는 모습이 눈에 들어왔다.

"별과 달이 저렇게 가까이 붙어있는 것을 보면, '재수가 좋다' 는 오키나와 속설이 있어요. 오키나와 방언으로 '카리유시' 라고 하구요!" 오키나와를 오가다 보면 쉽게 접할 수 있는 '카리유시' 라는 말이 어떤 의미가 있는 말인지 대충 감이 잡혔다. 어릴 적 시골 할머니 집에 갔을 때 아침에 일어나 눈을 뜨면 할머니는 내 머리맡에서 늘 화투패를 떼고 계셨다.

"난초가 나왔으니 오늘은 '국수' 먹을 일이 생기겠구나! 매화가 나왔으니

'임'도 오시겠고, 아이고! '술' 얻어먹을 일도 생기겠네!"
국수나 술은 몰라도 임이 오실 일은 결코 없을 할머니는 화투패를 떼시면서 늘 "오늘은 하루 종일 재수가 좋겠구나!"하고 중얼거리곤 하셨는데, 아마도 할머니가 말씀하시던 "재수가 좋다"는 뉘앙스가 오키나와 사람들의 '카리유시'라는 말과 맥을 같이 한다고 보면 될 것 같았다.

'축하해!'로부터 '고마워요'까지
축복하자 오늘 밤은 카리유시의 밤
달빛 아래에서 찬비에 울던 그날이
지금은 그립다 카리유시의 밤
밤새워 노래하자

달에 소원을 별에 소원을
언제나 카리유시의 밤
잊지 않도록 노래하자 춤추자
손과 손을 서로 잡고
늙은이도 젊은이도 카리유시의 밤
밤새워 춤추자

- '카리유시의 밤'/BEGIN

축제의 밤에 최고의 카리유시는 마음에 드는 이성을 만나는 것일 텐데, 이 카리유시를 기대하며 밤새워 춤을 춘다면 얼마나 흥겨울까? 그래서 오키나와 출신의 젊은이들로 구성된 밴드 BEGIN은 '카리유시의 밤'이라는 노래를 만들었던 모양이다. 그러고 보니 〈8월의 카리유시〉라는 영화도 있다. 개인적으로 좋아하는 일본 밴드 '히스테릭 블루(Hysteric Blue)'의 홍일점 보컬 타마(Tama)가 나온다기에 본 영화였는데 오키나와의 정령신앙이 나오는 등 정서적으로 조금 이해가 가지 않는 대목이 많았던 기억이 난다. 〈카리유시 선생, 힘내!〉라는 제목의 드라마는 영화 〈8월의 카리유시〉보다 좀 더 편하게 볼 수 있는 줄거리와 함께 오키나와의 다양한 볼거리를 담고 있었던 것으로 기억된다. 미모의 정치가 하야마 도코가 어떤 사건에 연유되어 국회의원직을 사퇴하고 남쪽의 작은 섬에 가서 학교 선생님을 하면서 겪는 다양한 에피소드를 다룬 드라마인데 이시가키공항, 이시가키 이도 터미널 등 이시가키지마에서 맞닥뜨리는 장소들이 많이 등장한다. 주 배경이 되는 드라마 속의 미하마지마는 이시가키에서 배편으로 약 25분 걸리는 남쪽 섬인 고하마지마가 실제 배경으로, 다른 이도와 마찬가지로 아열대 섬의 뛰어난 자연경관이 주요 볼거리이다. 〈카리유시 선생, 힘내!〉라는 제목은 아마도 섬에 행운을 가져다준 주인공을 카리유시 선생으로 지칭했던 모양이다.

BEGIN의 노래 '카리유시의 밤'에 나오는 것처럼 달에 소원을 별에 소원을 빈 후 라쿠텐야 여주인과 나는 기분 좋은 밤공기를 한껏 들이마시며 나란히 숙소로 돌아왔다.

하이비스커스

나하와 마찬가지로 이시가키 역시 아침 산책을 하기에는 참 좋은 도시이다. 차량통행이 많지 않은 깨끗한 도로, 오밀조밀한 골목들과 나지막한 집들, 그리고 거리나 골목 어디나 지천으로 피어있는 붉고 노란 꽃들에서 풍겨 나오는 기분 좋은 향기까지. 라쿠텐야 뒤편 주택가를 걷다 보면 골목마다 피어있는 각양각색의 하이비스커스를 만날 수 있다. 물론 오키나와 어디에서나 붉은 하이비스커스 꽃을 접할 수 있지만 유독 이시가키에는 이 붉은 하이비스커스 외에도 노란색 분홍색 주황색은 물론 두 가지 색이 겹쳐있는 꽃 등 다른 곳에서는 잘 볼 수 없는(내가 찬찬히 못 보았을 수도 있겠지만) 다채로운 색깔의 하이비스커스가 지천으로 피어있다.

하이비스커스는 우리나라 국화인 무궁화와 같은 종에 속하는 꽃인데 타히티나 하와이 등 열대 섬을 배경으로 한 영화에서 여주인공들이 머리에 꽂고 나오는 붉고 커다란 꽃을 연상하면 된다. 오키나와 본섬의 나고 시를 배경으로 한 영화 중에 나카에 유지 감독이 연출한 〈호텔 하이비스커스〉가 있다. 오키나와 출신의 나카에 감독은 이 영화 외에도 이시가키 지마를 배경으로 한 〈그리워서〉나 〈할머니의 사랑〉 등 고향인 오키나와 제도가 당면하고 있는 다양한 문제들을 독특한 시각으로 그려내고 있다. 〈호텔 하이비스커스〉는 제목을 봐서는 꽤 낭만적인 이미지를 떠올릴 수 있지만 내용은 정반대다. 낡고 허름한 단층건물에 호텔이라는 이름을 붙인 것부터가 넌센스다. 명색이 호텔이지만 정작 객실은 단 한 칸밖에 없다. 미군 접대부 출신인 엄마, 호텔에 딸린 당구장에서 샤미센을 치며 소일하는 반 백수 아버지와 그 사이에서 태어난 작은딸 미에코, 흑인 혼혈인 권투선수 지망의 아들 켄지, 백인 혼혈인 큰딸 사치코……. 한 명의 일본인 엄마와 백인, 흑인, 일본인의 각기 다른 아버지 사이에서 태어난 아들딸들을 엄마와 아버지는 '우리는 인터내셔널한 가족'이라며 자랑스러워한다. 영화 중간에는 인종 문제 외에도 오키나와주둔 미군과의 갈등 같은 미묘한 소재가 다루어지지만, 초등학생 미에코의 천진난만한 연기가 이 모든 골치 아픈 난제들을 다 덮어버린다. 어찌 보면 일본사람들의 오키나와의 미군 주둔에 대한 시각을 한 단면이나마 엿볼 수 있는 영화라고 생각되는데 비교적 전쟁이나 국제정세 등 난해한 문제에서 다소 비켜나 있는 이시가키지마에서 영화에 등장하는 인종만큼이나 다양한 색깔의 하이비스커스 꽃들을 볼 수 있었다.

다음 행선지인 다케토미지마는 이시가키 이도 터미널에서 배를 타면 불과 10분이면 도착할 수 있기 때문에 숙소를 나와 느긋하게 아침 산책을 하기로 했다. 우선 하이비스커스 꽃들이 만발해 있는 오른편 골목길로

들어섰다. 이시가키만 해도 제법 번듯한 도시인데 대문이 제대로 잠겨 있는 집이 드물다. 대문이 아예 없거나 있다고 해도 대부분 문이 열려 있었다. 얕은 담장에 피어있는 하이비스커스 꽃을 찍으러 다가가도 누구 하나 문을 열고 내다보는 사람이 없고 흔한 개 짖는 소리도 들리지 않았다. 가끔 골목길을 지나치는 사람들도 낯선 이방인에 대해 의심의 눈초리를 보내지 않았고 대부분 "오하요!" 하는 가벼운 아침인사를 하는 정도였다. 17세기에 지어졌다는 사찰 도림사와 관음당 뒤편 골목길을 지나치는데 유독 하이비스커스 꽃들이 담장에 지천으로 피어있는 집이 눈에 들어왔다. 똑같은 꽃이라 할지라도 개 중에 더 포토제닉한 꽃은 있게 마련이므로 붉은 꽃들 중에서 가장 탐스럽게 핀 꽃을 하나 골라 요모조모 사진을 찍고 있는데 나무 대문을 빼꼼 열고 집주인으로 보이는 중년 남자가 밖으로 나왔다. 손에 고무호스가 들려있는 걸로 봐서 아마도 정원에 물을 주다가 나온 모양새였다. 혹시나 오해할까 싶어 웃으면서 카메라를 들어 보이니 마음대로 찍어도 된다는 시늉을 해 보였다. 꽃 사진을 몇 장 더 찍은 다음 대문 앞을 빠져나오는데 집주인이 담장 쪽으로 다가가더니 붉은 하이비스커스 꽃 중에서 가장 잘생긴 놈으로 두 송이를 꺾어 내게 내밀었다. 집주인의 호의에 감사인사를 하고 나오면서 한 송이를 티셔츠의 앞 포켓에 꽂아보았다.

"나머지 한 송이는 어디에 꽂을까?"

문득 나하의 고쿠사이도리에서 본 머리에 하이비스커스 꽃을 꽂은 여학생들의 모습이 떠올랐다.

"그래, 꼭 샌프란시스코에서만 머리에 꽃을 꽂으란 법은 없지. 오키나와에서도 머리에 꽃을!"

나는 머리에 하이비스커스 꽃을 꽂은 채 스코트 맥킨지의 노래 '샌프란시스코에서는 머리에 꽃을'을 흥얼거려 보았다.

"If you're going to San Francisco Be sure to wear some flowers in your hair…."

그런데 나하에서 예쁜 여학생들이 머리에 꽃을 꽂은 모습을 봤을 때는 남국의 정취가 물씬 풍겼는데 어째 내가 머리에 꽃을 꽂아보니 자꾸만 영화 〈웰컴 투 동막골〉의 강혜정 느낌이 나는 것 같았다. 나는 다른 집 대문 사이에 하이비스커스 꽃을 슬그머니 놓아두고 다시 발걸음을 옮겼다.

낭만적 항구도시 이시가키

다음 여행지인 다케토미지마를 가기 위해 이도 여행의 허브 항구라고 할 수 있는 이시가키항으로 출발했다. 숙소로부터 도보로 약 15분이면 충분히 도착할 수 있는 거리였지만 무거운 배낭을 멘 터라 이도 터미널에 도착할 무렵에는 온몸이 땀으로 뒤범벅이 되어 있었다. 터미널 앞에는 오키나와 방언으로 어민을 뜻하는 '우민추(해인)'라는 이름의 수공예품 전문점 간판이 커다랗게 걸려 있었다. '해인', 바다 '해' 자가 들어가면 왠지 낭만적으로 느껴지는 것은 나만의 생각일까?

이시가키는 항구다. 조재현과 차인표 주연의 〈목포는 항구다〉라는 영화도 있지만 이시가키 역시 영락없는 항구다. 이시가키항에는 두 군데의 선착장이 있다. 시내 쪽에서 바다를 바라봤을 때 오른편에 이도 터미널이 있고 왼편에는 요나구니지마와 하테루지마로 가는 제2 선착장이 있다. 위의 두 섬을 제외한 다른 이도로 가기 위해서는 이도 터미널에서 배를 타야 한다. 이리오모테지마(서표도), 다케토미지마(죽부도), 하토마지마(구간도), 고하마지마(소빈도), 구로지마(흑도) 등으로 가는 배들이 쉴 새 없이 들어오고 나간다. 이도 터미널은 그리 크지 않지만 꽤 넓은 승객 대기실을 비롯한 작은 식당과 기념품점, 편의점들이 알차게 자리하고 있다. 이도 터미널에서 다케토미지마까지는 불과 10분 남짓 걸리는데다 운항간격도 30분마다 촘촘히 있기 때문에 티켓 판매처에 짐을 맡긴 다음 항구를 좀 더 둘러보기로 했다. 이도 터미널에서 반대편의 제2 선착장으로 가기 위해서는 ㄷ 자 모양으로 된 항구를 가로질러야 하는데 중간에 있는 잔교에는 크고 작은 선박들이 서로 머리를 맞대고 마치 구수회의라도 하는 모양새를 취하고 있었다. 낭만적이지 않은 항구나 포구가 어디 있을까마는 특히 이시가키항은 낭만적인 느낌이 더 진하게 다가온다.

ㄷ자 모양으로 된 항구를 전봇대 높이만큼 키가 큰 가로등들이 빼곡 둘러싸고 있었는데 이 가로등들은 저녁 무렵이면 그렇지 않아도 낭만적인 항구를 더욱 몽환적으로 만들어 줄 것임이 분명했다. 아마 모르긴 몰라도 김난영의 '목포는 항구다', 심수봉의 '남자는 배, 여자는 항구'와 비슷한 일본의 유행가가 이시가키항을 주제로 분명 존재할 것 같았다. 때마침 항구 중앙의 잔교 쪽으로 배 한 척이 미끄러지듯 들어오는 모습이 눈에 들어왔다. '톰 소여'라는 이름의 배에서 한 무리의 젊은이들이 우르르 내리기 시작했다. 아마도 스노클링 투어를 다녀오는 관광객들 같았다. '톰 소여' 옆으로 '카리유시'라는 이름의 배가 정착되어 있었는데 어젯밤의 별과 달이 만나던 카리유시에 이어 오늘도 카리유시를 만나는 걸 보니 좋은 일이 생기지 않을까 싶은 생각도 들었다. 잔교 쪽으로 꺾어지니 도미노를 쌓아놓은 것 같은 모양을 한 ㄷ 자 형의 아치들이 바다 위에 다리를 뻗고 있었다. 자전거를 탄 할아버지 한 분이 마치 도미노를 무너뜨리듯 휙 하니 지나갔다.

목련꽃 그늘 아래서 베르테르의 편질 읽노라
구름 꽃 피는 언덕에서 피리를 부노라
아 아 멀리 떠나와 이름 모를 항구에서 배를 타노라

고등학교 음악 시간에 자주 부르던 가곡을 흥얼거리며, 나는 베르테르의 편지가 아닌 니라이카나이로부터 온 편지를 읽기 위해 이제 갓 이름을 알게 된 이시가키항에서 다케토미지마로 가는 배를 타기 위해 다시 몸을 추슬렀다.

넷째 날: 니라이카나이로부터 온 편지, 다케토미지마

"후키, 수평선 저 멀리에는 '니라이카나이' 라고 하는 신이 사는 세계가 있단다."
- 영화 '니라이카나이로부터 온 편지' 중에서

다케토미지마(죽부도)는 아오이 유우가 나오는 영화 〈니라이카나이로부터 온 편지〉의 배경이 되는 섬이다. 이시가키지마에서 배로 10분밖에 걸리지 않는 작은 섬으로 오키나와의 다른 섬들보다 좀 더 이국적이면서 독특한 정취를 느낄 수 있다. 대나무가 많아서 죽부라는 이름이 붙지 않았을까 하는 추측과는 달리 온통 붉은 하이비스커스로 뒤덮여 있었다. 선착장에 마중 나온 미니밴을 타고 숙소인 고하마 장에 들어서자 툇마루에 놓인 빨간색 트렁크가 눈길을 사로잡았다. 영화 〈안경〉의 고바야시 사토미처럼 무거운 트렁크를 끌고 왔을 미지의 여인이 갑자기

okinawa 137

궁금해지기 시작했다. 저 트렁크의 주인도 핸드폰이 터지지 않는 외딴 섬을 찾아 이곳에 온 걸까?

아오이 유우를 찾아서

다케토미지마는 면적이 약 5.4㎢에 인구가 320명 정도 되는 조약돌 모양의 작은 섬이다. 붉은 기와를 머리에 인 전통가옥들과 낮은 돌담길이 섬의 중심부에 바둑판처럼 네모반듯하게 몰려있다. 햇살이 뜨거운 낮 시간대에는 골목길에 깔린 눈부시게 하얀 모래와 낮은 돌담을 따라 피어있는 붉은 하이비스커스 꽃들로 인해 눈이 다 아려올 지경이다. 숙소에 짐을 풀고 우선 영화 DVD 표지에서 아오이 유우가 서 있던 장소를 찾아보기로 했다. 아무리 작은 동네지만 너무 막연하지 않을까 하던 우려와는 달리 골목길에서 처음 만난 마을 아주머니가 DVD를 보더니 한 치의 머뭇거림 없이 그 장소로 나를 데려다 주었다. 뭐 요란스레 길을 찾을 필요도 없이 숙소에서 골목 하나 꺾어지니 바로 눈에 익은 장소가 나타났다. 촌스러운 행동이지만, 아오이 유우가 골목길에 서 있는 〈니라이카나이로부터 온 편지〉의 DVD를 들고 우선 인증사진을 한 장 찍었다. 골목길을 조금 더 걸어 들어가니 '아사토야'라는 팻말이 붙어있는 작은 전통가옥이 눈에 들어왔다. 예전 류큐 왕국 시절 이 집에는 쿠야마라는 절세미인이 살고 있었는데 이곳에 파견된 관리와 이루어지지 못할 사랑을 했다는 전설이 전해 내려온다. 혹시나 그 절세미인의 유전자를 이어받았을 후손이 살고 있을까 기웃거려 보았지만 절세미녀의 흔적은 어디에서도 찾을 수 없다. 절세미녀인 쿠야마는 요즘으로 치면 어떤 모습을 하고 있었을까? 일본이니만큼 일본 여배우 중에서 미녀 쿠야마를 상상해 보았다. **요즘 대세인 아야세 하루카 스타일일까? 아니면 오키나와 출신인 아라가키 유이? 나카마 유키에?**

아마도 영화 〈Flowers〉에서 일본 전통의상을 입은 아오이 유우의 이미지가 가장 근접할 것 같다는 다소 편협한 생각을 하며 우체국 방향으로 발걸음을 옮겼다. 어디선가 떠들썩한 소리가 들려서 돌아다보니, 다케토미의 명물인 수우차가 느릿느릿 골목길을 헤쳐오고 있는 모습이 눈에 들어왔다. 골목이 꽤 좁았기 때문에 돌담 쪽으로 바짝 붙어 서서 물소차가 빠져나가기를 기다리고 있는데 얼핏 마차를 끄는 물소와 눈이 마주쳤다. 놀랍게도 소는 한쪽 뿔이 없었는데 뿔난 빈자리에는 붉은 하이비스커스 꽃이 동그랗게 얹혀 있었다. 언뜻 류시화 시인의 '외눈박이 물고기의 사랑'이라는 시가 생각났다.

'두눈박이 물고기처럼 세상을 살기 위해 평생을 두 마리가 함께 붙어 다녔다는 외눈박이 비목처럼 사랑하고 싶다.'

이 외뿔박이 물소도 두 개의 뿔을 가진 소처럼 살고 싶으면 다른 외뿔박이 소를 만나야 하는 걸까? 어쩌면 외눈박이 물고기보다 더 슬픈 눈빛을 한 물소의 시선을 나는 애써 외면하기로 했다.

okinawa 139

시사(Shisa)

다케토미지마의 골목골목을 걷다 보면 붉은 지붕마다 버티고 있는 오키나와의 수호신 시사(Shisa)를 만날 수 있다. 시사는 오키나와 본섬이나 이시가키지마 등에서도 자주 볼 수 있지만 특히나 다케토미지마에서는 더욱 다양한 모습의 시사를 만나게 된다. 오키나와 나하의 고쿠사이도리에서 만나는 시사가 주로 수공예품이나 티셔츠 속에 존재한다면, 다케토미지마의 시사는 붉은 지붕 위에서 한껏 위엄 있는 포즈로 방문객들을 맞이한다. 시사는 마을 입구에 서 있는 촌락사자와 지붕 기와 위에 앉아 있는 지붕사자로 크게 나뉘는데 다케토미지마에서 볼 수 있는 시사는 주로 지붕사자이다. 어떤 집 지붕 위에는 시사 한 마리가 있고 어떤 집에는 두 마리가 있는데 단순히 집주인의 취향인지 아니면 그 이상의 의미가 있는지는 잘 모르겠다. 지붕 위에 있는 시사는 대부분 기와와 같은 색깔이지만 대문 앞이나 담장 위에 장식되어 있는 시사는 노랗고 파랗게 원색으로 칠해져 있기도 하다. 지붕 위의 시사인 지붕사자가 "어때? 나 무섭지?" 하는 표정으로 다소 위엄있고 무서운 형상을 하고 있는 반면에 장식용 시사는 밝고 익살스런 표정을 하고 있다. 귀여운 표정의 장식용 시사를 보고 나면 지붕사자의 근엄한 모습이 설정 같아서 더 이상 무서운 느낌은 들지 않는다.

니라이카나이, 피안의 섬

영화제목에 나오는 '니라이카나이'는 우리로 치면 '이어도'의 개념으로 보면 될 것 같다. 마라도에서 149km 떨어진 수중 암초를 가리키는 현실 속의 '파랑도'가 아닌, 제주도 해녀들이 바다에 나간 남정네들이 돌아오지 않을 때 "이어도 사나 이어도 사나"라고 읊어대던 '이어도 타령'에 나오는 전설 속의 섬 이어도 말이다. 이청준의 소설 '이어도'와 영화〈니라이카나이로부터 온 편지〉사이에는 닮은 점이 꽤 눈에 띈다. 소설 속에서 이어도는 "누구나 이승의 고된 생이 끝나고 나면 그곳으로 가서 복락을 누리게 된다."는 제주도 사람들의 구원의 섬으로 묘사된다. 〈니라이카나이로부터 온 편지〉에서도 어린 딸 후키에게 엄마는 니라이카나이를 피안의 섬으로 설명해 준다.

"후키, 수평선 저 멀리에는 '니라이카나이'라고 하는 신이 사는 세계가 있단다."

어린 딸을 섬에 남겨두고 떠나는 엄마는 아마도 죽음을 예감하고 딸에게 "엄마는 저 니라이카나이에서 널 기다리고 있을게"라는 말을 우회적으로 하고 싶었던 것 같다. 이 피안의 섬에 대한 묘사는 영화〈눈물이 주룩주룩〉에도 나온다. 요타로가 죽은 후 고향 섬에 내려간 카오루에게 할머니는 옛날부터 전해 내려오는 전설을 이야기해 준다.

"카오루, 사람에게는 긴 목숨도 있고 짧은 목숨도 있단다. 이 섬 저 먼

남쪽에는 좋아했던 모든 사람이 다 모여 있으니, 너무 슬퍼하지 말아라."

다른 나라에도 이런 피안의 섬이 존재하는지는 잘 모르겠지만 제주도와 이 류큐 제도 사이에는 우주관이나 세계관 등 정신적인 면에서 공통점이 분명히 존재하는 것 같다. 오키나와 출신의 걸 그룹 MAX도 '니라이카나이'라는 앨범을 발매할 정도로 사후세계에 대한 믿음은 오키나와 사람들의 의식 속에 늘 오롯이 자리하고 있는 것 같다.

소설 '이어도'에서는 남양일보의 천남석 기자가 파랑도 수색작업 중에 바다에서 실종되는 것으로 나오는데 영화 〈니라이카니이로부터 온 편지〉에서도 사진기자인 후키의 아버지가 바다에서 사망하는 것으로 설정된다. 아버지의 유물인 낡은 카메라가 이 영화에서는 중요한 오브제로 등장한다. 어린 소녀에서 성숙한 여고생으로 성장한 후키가 아버지가 남긴 낡은 카메라로 사진을 찍는 장면이 나오는데 여기에 등장하는 카메라는 니코마트(Nikomat)라는 카메라이다. 니코마트는 플래그십인 니콘 F의 보급형으로 나온 1970년대 카메라인데 영화 〈혐오스러운 마츠코의 일생〉과 〈뱅뱅 클럽〉에도 등장한다. 팔랑귀가 아니라 팔랑눈인지 나는 영화에 나오는 카메라만 보면 참을 수 없는 충동, 시쳇말로 뽐뿌를 심하게 받아 왔다.

영화 〈다만, 널 사랑하고 싶어〉에서 타마키 히로시가 미야자키 아오이를 찍어주던 캐논 F1에 홀려서 덜컥 인터넷 중고시장에서 샀다가 멜 깁슨 주연의 영화 〈위 워 솔저스〉를 보고 난 후에는 "역시 남자라면 니콘!"을 외치며 다시 니콘 F2로 기기변경을 했던 기억이 난다.

〈니라이카나이로부터 온 편지〉에서 아오이 유우가 아버지의 손때가 묻은 낡은 니코마트로 빛을 담는 모습을 보고는 "아오이 유우의 카메라, 니코마트!"라는 이미지에 혹해서 또다시 니콘 F2를 팔아치워 버렸다. "사진은 플래그십이나 보급기 같은 기종이 문제가 아니라 찍는 사람의 내공이 중요하다!"라는 자기 합리화를 내세우며…. 얼마 전 〈미드나이트 미트 트레인〉이란 영화를 보다가 주인공이 사용하던 라이카 M4-P에 또다시 필이 꽂혔지만 다행히 라이카는 초고가라 은행 잔액을 다 털어도 결코 못 올라갈 나무였기 때문에 포기한 적도 있다. 여행을 다닐 때는 아무래도 여러모로 편리한 디지털카메라를 사용하지만 그래도 필름카메라에 대한 로망은 늘 가슴 한편에 오롯이 자리하고 있는 것 같다.

별 모래 해변

후키가 니코마트로 사진을 찍어서 관광객들에게 팔던 해변을 찾아가 보기로 했다. 좋아하는 영화 속의 실제 로케장소를 찾아가보는 것은 여행의 즐거움을 배가해 주는 일임은 틀림없지만 그리 호락호락하지 않을 때가 많다. 다케토미지마에는 이름난 해변이 몇 있는데 섬의 서쪽에 자리하고 있는 카이지 비치와 콘도이 비치도 그중에 포함된다. 아마도 이 두 해변 중에서 후키가 사진을 걸어놓고 파는 장면을 찍은 것 같은데 어느 해변인지는 일단 가 보아야 알 수 있을 것 같았다. 지도를 보니 이 더운 날씨에 걸어가기에는 조금 먼 거리인 것 같아 일단 자전거를 빌리기로 했다. 하지만 자전거라고는 학교 운동장에서만 잘 타는 우물 안 개구리인지라 첫 출발부터 난관에 빠지고 말았다. 젊은 여성들이나 아주머니들이 자전거를 빌려서 골목골목을 다니며 관광하는 것을 본 터라 별생각 없이 자전거를 끌고 나왔는데 다케토미지마의 골목길은 하얀 산호초 조각들이 부서진 입자 굵은 모래로 뒤덮여 있어서 자전거 바퀴가 푹푹 빠지는 것을 간과하고 말았던 것이다. 큰 도로로 채 빠져나가기도 전에 골목길에서부터 벌써 다리에 힘이 풀리고 이마에서는 완두콩만한 구슬땀이 흘러내렸다. 가까스로 큰 도로에 들어서자 비로소 자전거 바퀴에 속도가 붙기 시작했다. 하지만 포장도로를 벗어나 다시 울퉁불퉁한 흙길로 들어서자 차라리 끌고 가는 게 더 빠를 정도로 다리에 힘이 빠져나갔다. 배낭여행을 하면서 걷는 것만큼은 자신이 있었던 터라 차라리 자전거를 내팽개치고 걸어가고 싶었지만 막대한 배상금이 두려워 이를 악물고 페달을 밟은 끝에 겨우 카이지 비치에 도착할 수 있었다.

좁은 길을 따라 해변으로 내려서자 오른편으로 소소한 기념품을 파는 작은 가판대 하나가 나타났다. 관광객이 없는 틈을 타 잠시 낮잠을 즐겼는지

긴 머리를 한 여자가 가판대 옆 멍석에서 부스스 일어나는 모습이 언뜻 눈에 들어왔다. 영화 속에서 후키의 사진을 팔아주던 언니 또래의 젊은 여자는 낯선 남자에게 낮잠을 자고 있는 모습을 들킨 것이 부끄러웠던지 애써 외면하며 작은 소리로 "이랏샤이마세!" 하고 인사를 했다. 별 모래 해변이라는 이름에 걸맞게 작은 유리병 안에 별 모래를 넣은 기념품들을 팔고 있었는데, 괜스레 낮잠을 깨운 것이 미안해서라도 기념품을 두어 개 사주고 싶었다. 작은 유리병을 하나 골라 들고 이리저리 흔들어 보았다. 빨간색 초록색 노란색의 별 모양 모래들이 이리저리 몸을 뒤섞으며 좁은 유리병 안에서 "밀지 마! 밀지 마!" 소리를 질러댔다.

가판대를 지나 해변으로 들어섰다. 해변 옆 우거진 나무들 덕분에 드리워진 그늘 밑에서 고양이 몇 마리가 꾸벅꾸벅 졸고 있을 뿐, 어디에도 사람들의 모습은 보이지 않았다. (나하에서 산 DVD의 메이킹 필름을 한국에 와서 보니 후키의 사진을 팔던 해변은 카이지 비치가 아니라 동쪽에 있는 또 다른 별 모래 해변인 아이야루 비치로 판명되었다.) 사진 몇 장을 찍은 다음 다시 자전거를 타고 위쪽의 콘도이 비치로 향했다.

카이지 비치에서 콘도이 비치까지는 다행히 도로포장이 잘 되어 있어서 제법 휘파람까지 불며 달릴 수 있었다. 카이지 비치에 비해 콘도이 비치는 꽤 넓은 해변이었다. 이 비치는 드라마 〈한여름의 메리 크리스마스〉 최종회에서 시바사키 코우와 다케노우치 유타카가 재회하는 장면을 촬영한 곳이기도 하다. 다케노우치 유타카는 드라마 〈루리의 섬〉에도 나오므로 오키나와에서 촬영한 드라마에 두 번이나 출연한 셈이다. 콘도이 비치도 카이지 비치와 마찬가지로 넓고 긴 해변 어디에도 사람의 그림자를 찾아볼 수 없었다. 조금 더 걸어 들어가니 **빙(얼음)**이란 깃발을 매단 이동 차량가게가 눈에 들어왔다. 오키나와의 강렬한 태양을 고스란히 맞으며 서툰 페달질을 한 탓에 목이 타들어 가듯 말라왔으므로 시원한 가키 고리를 하나 주문하기로 했다. 영화 〈안경〉의 모타이 마사코가 "고리 아리마스!" 하고 나오지 않을까 기대했지만, 젊은 남자 하나가 밀짚모자를 얼굴에 덮어쓴 채 졸고 있다가 인기척을 느끼고 이동차 밖으로 얼굴을 내밀었다.

딸기 맛이 나는 빨간색 가키 고리를 주문했다. 종이컵에 빙수를 받아들고 해변 작은 공원에 놓여있는 벤치로 걸어가는데 저 멀리서 젊은 여자 두 명이 해변 쪽으로 걸어 들어오고 있는 모습이 눈에 들어왔다. 빙수를 몇 스푼 떠먹는 사이 여자들은 옷을 벗고 수영복 차림으로 물에 뛰어들었다. 대롱이 달린 물안경을 착용한 걸로 봐서는 스노클링을 하려는 모양 같았다. 그리고 보니 오키나와에 와서는 그 좋아하던 스노클링을 한 번도 못해봤다. 왜 스노클링을 할 생각을 못했을까? 문득 히라구보 등대에 갔을 때 차를 태워준 나와타니 상이 하던 말이 머리를 스쳐 지나갔다.

"오키나와에는 맹독을 가진 하부(바다뱀)가 있으니, 바다에 들어갈 때는 조심해야 돼!"

그러고 보니 이 말이 겁 많은 내 머리에 잠재적으로 각인되어 있어서

본능적으로 스노클링을 피했던 것 같다. 바다에서 스노클링을 하고 있는 여자들이 혹시나 바다뱀에 물리면 달려가서 입으로 독을 빼내는 것이 나을까 아니면 긴급구조대에 연락을 해야 하나? 쓸데없는 고민을 하며 한참을 콘도이 비치에 머물렀지만 젊은 여자들이 하부에 물리는 일 따위는 결코 일어나지 않았다.

니시진바시(서잔교)의 황홀한 일몰

콘도이 비치에서 숙소로 돌아올 때쯤 하늘은 제법 어둑어둑해지고 있었다. 숙소에 들어서자 주인 할머니가 식사하라고 손짓을 해왔다. 점심도 제대로 못 먹고 쏘다닌 탓인지 배가 꽤 고팠으므로 씻는 둥 마는 둥 하고는 숙소에 딸린 작은 식당으로 들어섰다. 식당 안에는 투숙객으로 보이는 젊은 남녀 세 명이 한 테이블에 모여 있었는데 나를 보고 가볍게 인사를 건넨다. 숙박요금만 내는 소박을 할까 조석식 포함을 할까 한참 고민을 하다가 다케토미지마에는 변변한 식당이 없을지도 모른다는 생각에 조석식 포함을 했는데, 추가 요금이 아깝지 않을 정도로 식사는 꽤 정갈하고 푸짐했다.

저녁 식사를 마치고 숙소에 들어가서 사진 정리를 하고 있는데 밖에서 부르는 소리가 들렸다. 문을 열고 내다보니 아까 식당에서 같이 식사한 젊은 남자 두 명과 여자 한 명이 마당에 서 있었다. 니시잔바시(서잔교)로 석양을 보러 가는데 같이 가면 좋겠다고, 그중에 영어를 할 줄 아는 후카자와라는 친구가 말을 건네 왔다. 딱히 할 일도 없었으므로 흔쾌히 대답하고는 카메라만 챙겨서 숙소를 빠져나왔다. 세 명의 일본 젊은이들이 모두 20대 초중반이었기 때문에 그들과 나이 차가 많이 나고 대화도 잘 통하지 않을 거란 생각에 처음에는 조금 조심스러울 수밖에 없었다. 하지만 그런 생각은 잊어버려도 될 만큼 우리 넷은 금세 허울 없는 친구가 되었다. 마법의 샘물을 마셔서 다시 20대로 돌아간 동화 속 주인공처럼, 나는 잠시 나이를 망각한 채 그들과 꽤 수다를 떨었다.

사카모토라는 20대 중반의 남자와 마호라는 이름의 20대 초반의 여자는 거의 영어를 못했지만 생존회화 수준의 내 일본어 실력으로도 의사소통엔 큰 어려움이 없었다. 오히려 요즘의 일본 젊은 세대들은 한국어를 기본단어 정도는 알고 있기 때문에 영어라는 매개체를 통하지 않고도 한국어와 일본어를 서로 조합하면 웬만큼은 의사소통은 할 수 있는 것 같다. 알고 보니 툇마루에 놓여있던 빨간 트렁크의 주인이 바로 마호였다. 마호와 사카모토는 도쿄 근교에서 헤어디자이너로 일하고 있는데 1년 동안 돈을 모아서 오키나와 여행을 온 거라고 했다.

앞서거니 뒤서거니 우리는 숙소에서 도보로 15분 정도 거리인 니시잔바시에 도착했다. LA 레돈도 비치의 잔교나 중국 칭따오의 명물인 잔교를 본 적이 있어서 생각보다는 초라한 규모의 니시반자시에 잠깐 실망도 했지만 이내 잔교 끝에 걸린 황홀한 석양에 빠져들었다.

영화 〈나라이카니이로부터 온 편지〉에는 후키와 엄마가 빨간 우체통이 놓인 니시반자시 끝에 서서 바다를 바라보는 장면이 나오는데 잔교 끝에 영화 속에 나오던 빨간 우체통은 보이지 않았다. 영화 〈시월애〉에서 이정재와 전지현이 편지를 넣던 '일 마레' 앞 우편함이 지금도 인천 석모도에 남아 있는 것처럼 후키가 엄마한테 쓴 편지를 부치던 우체통을 그대로 남겨 두었더라면 더 여행의 감흥이 살아나지 않을까 하는 아쉬움이 들었다.

황홀한 석양도 잠시 주위는 곧 어두워져 갔고 하늘에는 별들이 하나둘씩 모습을 드러내고 있었다. 우리 넷은 잔교 바닥에 등을 대고 누워서 별들의 등장을 숨죽이며 지켜보았다. 우리가 살면서 이렇게 많은 별을 볼 수 있는 날이 얼마나 될까? 영화 〈플래툰〉에서 매복 나간 찰리 쉰이 베트콩의 기습에 온 신경을 쓰면서도 밤하늘에 빛나는 보석 같은 별들에 감탄하던 장면이 떠올랐다. 도란도란 얘기를 나누던 주위의 사람들도 이윽고 밤하늘의 아름다움에 취해서인지 말수가 줄기 시작했고 마침내 바다에서 잔교로 기어 올라와 우리 곁을 스쳐 지나던 게들이 내는 작은 발자국 소리만 귓가를 간질이고 있었다.

돌아오는 길은 울창한 나무들 때문에 한 줌의 빛도 없이 깜깜했으므로 사카모토의 휴대폰 액정불빛으로 방향을 가늠한 채 우리는 더듬더듬

숙소로 돌아왔다. 이럴 때 반딧불이 길을 이끌어 주었으면 얼마나 낭만적일까 하는 상상을 하면서….

숙소에 돌아와 잠을 청했으나 밤이 이슥해지도록 눈만 말똥말똥해질 뿐 잠이 오질 않았다. 조심스레 미닫이문을 열고 밖을 내다보니 휘영청 밝은 달빛이 온 마당을 환하게 물들이고 있었다. 뜬금없이 학교 때 배운 시조가 생각났다.

"이화에 월백하고 은한이 삼경인데
일지춘심을 자규야 알려마는
다정도 병인 양하여 잠 못 들어 하노라."

지은이도 잘 생각나지 않는 시조였지만 "다정도 병"이라는 시구가 맘에 들어서 몇십 년이 지난 지금까지도 유일하게 외우고 있는 시조였다. 병든 '다정'을 치유하고자 주섬주섬 숙소 밖으로 나왔다. 골목길에 깔린 하얀 모래가 달빛을 받아 꿈결처럼 빛나고 있었다. 어디선가 샤미센 소리가 들려서 따라가 보니 작은 간이주점에서 나는 소리였다. 섬 주민인지 여행객인지는 모르겠지만 남녀 몇몇이 어울려 권커니 잣거니 술판을 벌이는 중이었다. 다시 다른 길로 접어드니 마치 홍대나 신사동 가로수길에 있는 예쁜 카페 같은 작은 바가 나타났다. '들어가서 빛깔 고운 칵테일이나 한 잔 마실까?' 흘낏 바 문 앞에 놓인 안내판을 보니 문을 닫을 시간이 다되어가고 있었다.

다시 불빛을 따라 골목길을 거슬러 올라갔다. 저 멀리 다케토미 우체국 간판이 눈에 들어왔다. 영화에서 후키의 할아버지가 사설 우체국장으로 나오는데, 물론 영화와 달리 다케토미 우체국은 공공기관이었다. 우체국 건물은 불빛이 꺼져 있었지만 속에 전구를 넣은 빨간 우정 마크는 어둠 속에서도 밝게 비치고 있었다. 아크릴로 만들어진 우정 마크 패널 안에 뭔가 있는 것 같아 다가가 보니 작은 도마뱀 한 마리가 속에 들어가 있었다.

"이놈도 나처럼 외로움을 못 이기고, 다정도 병인 양하여 집 밖을 나왔구나!"

동병상련의 마음을 가지려는 순간 어디선가 또 다른 도마뱀 한 녀석이 패널 안으로 들어와 두 마리가 사이좋게 짝을 이루는 것이 아닌가! 약간의 배신감을 느낀 채 결국 나의 밤마실은 이렇게 끝이 나고 말았다.

다케토미의 아침

꽤 늦은 시간에 잠자리에 들었지만 늘 그렇듯이 여행지에서는 눈이 일찍 떠졌다. 미닫이문을 빼꼼 열어 보았다. 툇마루에 다른 투숙객들의 신발이 가지런히 놓여 있는 걸로 봐서 아직 다들 잠자리에서 일어나지 않은 모양이었다. 행여 문 여닫는 소리에 다른 사람들이 깰까 조심조심

문을 열고 밖으로 나왔다. 7시 조금 넘은 시간이었지만 남국의 이른 태양은 벌써 온 마당을 쨍하게 비춰주고 있었다.

입구가 뚫려있는 돌담 끝에 할머니 한 분이 쪼그리고 앉아있는 모습이 눈에 들어왔다. 식당에서 허드렛일을 하는 자그마한 키의 할머니였다. 할머니 주변은 온통 붉고 노란 꽃들이 둥그렇게 둘러져 있어서 마치 울긋불긋 꽃 대궐 속에 앉아있는 형색이었다. 다케토미지마에는 하이비스커스뿐 아니라 돌담마다 색 색깔의 꽃들이 만발해 있어서 아마도 할머니는 평생을 꽃만 보고 살아오신 것이 분명할 텐데도 할머니의 어깨에는 삶에 대한 회한과 쓸쓸함이 묻어 있었다. 꽃만 보고 살아도 삶은 힘든 것일까? 내가 다가가자 인기척을 느꼈는지 할머니가 뒤를 돌아보았다.
"오하요 고자이마스!" "오하요!"
내 인사에 할머니는 소녀처럼 수줍은 미소를 지으며 대답하셨다. 숙소를 빠져나와 아오이 유우가 DVD 표지에 서 있던 골목으로 접어들자 마을주민 두어 명이 기다란 빗자루를 들고 나와 길을 쓸고 있었다. 아무리 둘러봐도 하얀 모래가 깔린 골목길에는 종잇조각 하나 떨어져 있지 않은데 무엇을 쓸고 있는 걸까? 가까이 다가가 보니 마을주민들이 쓸어 담고 있는 건 바로 돌담 위 나뭇가지에서 떨어진 붉은 꽃잎들이었다. 오키나와의 미군 주둔을 우회적으로 비판한 영화 〈호텔 하이비스커스〉에서 어린 소녀 미에코가 하던 말이 떠올랐다.

"꽃으로 싸우다가도 전쟁이 일어날까?"
붉고 노란 꽃들로 가득한 다케토미지마에서는 결코 다툼은 일어나지 않을 것 같았다.

내처 다케토미 우체국 쪽으로 걸음을 내디뎠다. 어젯밤 우체국을 지배하던 도마뱀들은 한 마리도 보이지 않고 붉은색 우체통만이 아침 태양을 받아 반짝이고 있었다. 우체국과 우체통은 〈니라이카나이로부터 온 편지〉를 이끌어가는 주요한 모티브이다. 후키의 할아버지가 우체국장으로 나올 뿐 아니라 이미 망자가 되어 피안의 섬인 니라이카나이에 가 있는 엄마가 매년 후키의 생일에 편지를 보내오는 매개공간이기도 하다. 엄마가 병상에서 후키의 7살 9살부터 20살 축하편지까지 미리 써놓은 다음 이 편지를 할아버지가 도쿄에 있는 우체국에서 매년 다케토미 우체국으로 보냈던 것이었다. 영화제목을 달리 해보면 '망자로부터 온 편지'인 셈이다. 종이에 또박또박 펜으로 눌러 쓰는 편지나 엽서는 참으로 아날로그적인 정감을 불러일으킨다. 조용필은 '서울 서울 서울'에서 우체국을 이렇게 노래하였다.

**"베고니아 화분 놓인 우체국 계단
어딘가에 엽서를 쓰던 그녀의 고운 손
이별이란 헤어짐이 아니었구나.**

눈물 속에서 다시 만나는 그대"

죽부우체국 앞에는 하얀색 자전거가 하나 놓여 있었는데, 아침 일찍 이렇게 댓 걸음에 달려온 것을 보면 누군가가 밤새 쓴 편지를 다시 찢어버리기 전에 서둘러 부치러 온 것이 분명해 보였다. 아마도 편지의 주인공은 하얀 종이 위에 한 자 한 자 감정을 담아서 정성스레 편지를 썼을 것이다. 오래된 노래 중에 김세화라는 가수가 부른 '눈물로 쓴 편지' 라는 노래가 있다.

"눈물로 쓴 편지는 읽을 수가 없어요.
눈물은 보이지 않으니까요.
눈물로 쓴 편지는 고칠 수가 없어요.
눈물은 지우지 못하니까요.
눈물로 쓴 편지는 부칠 수도 없어요.
눈물은 너무나 빨리 말라 버리죠.
눈물로 쓴 편지는 버릴 수도 없어요.
눈물은 내 마음 같으니까요."

밤새워 연애편지를 써 본 경험이 있는 사람이라면 누구나 이 가사에 공감할 것이다. 이 편지처럼 눈물로는 글을 쓸 수 없는 법! 역시나 편지는 잉크를 가득 채운 만년필로 쓰는 게 제격이다. 편지에는 요즘의 이메일이나 문자가 가지지 못한 아날로그적인 가슴 떨림이 분명히 있다. 고등학교 때였던가? 짝사랑하던 동네 여학생에게 밤새워 쓴 편지를 골목길에서 후다닥 전해주고 몇 날 며칠을 후회한 적이 있었다. 유치의 극을 달렸을 편지의 닭살 문구들은 이제 기억나지 않지만 그때의 가슴 떨림은 평생 소중한 추억으로 내 가슴에 오롯이 남아 있다.

처음이자 마지막인 나의 짝사랑 연애편지는 고등학교 입학 기념으로 아버지에게서 받은 '빠이롯트 만년필'로 썼던 기억이 난다. 요즘은 그때는 이름조차 들어보지 못했던 '몽블랑'이나 '펠리칸' '워터맨' 같은 고급 만년필들이 대세인 걸로 알지만 오랜 세월이 지난 지금도 나는 '빠이롯트 만년필'을 사용하던 때의 아날로그한 느낌을 고스란히 간직하고 있다. 조심스레 만년필 밑동을 돌려 잉크병에 담긴 짙푸른 잉크를 흠뻑 빨아들인 후 하얀 헝겊으로 만년필 촉(요즘은 '닙'이라는 전문용어를 쓰는 모양이다)을 닦아내고 정성 들여 한 자 한 자 종이에 쓰던 가슴 떨리는 느낌을 아직도 내 손은 기억하고 있을 것이다.

영화 속 후키의 엄마가 도쿄의 병상에서 후키의 미래 생일에 보낼 편지들을 쓸 때 사용하던 필기구는 주황색 만년필이었다.

일본 영화중에는 이 만년필을 중요한 오브제로 삼은 영화가 있는데, 사와지리 에리카가 주연을 맡은 〈클로즈드 노트〉이다. 에리카는 이 영화에서

'토마키 만년필'이라는 수제 만년필 전문 가게의 아르바이트 종업원으로 나온다. 남자 주인공이 만년필을 사러 왔다가 테스트로 고양이 그림을 그리는 장면에서 에리카가 말한다.

"만년필로는 역시 글씨를 써봐야 하지 않겠어요?"

비싼 만년필이 악필을 명필로 만들어주지는 않겠지만, 그래도 손때 묻은 좋은 만년필 하나는 오래도록 간직했으면 좋겠다는 생각이 들게 만든 영화다. 그리고 보면 일본은 유난히 수제 명품에 열광하는 것 같다. 명품에 너무 집착하는 것은 문제겠지만 '나미키 만년필' 같은 수제 만년필이나 '와타나베 무레키'와 '이도 타마오' 같은 수제 안경을 꾸준히 만드는 장인정신만은 존중할 만하다. 개인적으로 야스하라 제작소라는 사장과 직원 한 명이 전부인 회사에서 만드는 '잇시키(일식)' '아키츠키(추월)' 같은 수제 RF카메라는 지금도 생산되었으면 하는 바람이다.

영화 속에서 후키는 엄마가 일곱 살 생일부터 스무 살이 되던 날까지 보내온 편지를 소중히 간직한다. 편지를 버리지 않고 차곡차곡 모아두는 것은 소중한 추억을 간직하는 일과 같다. 이메일은 시간이 지나면 뒤로 밀려나거나 삭제되지만 종이편지는 비록 낡고 누렇게 변색되기는 하겠지만 평생을 곁에 둘 수 있다. 어느 날 문득 서랍을 정리하다가 오래전 누군가 내게 보내온 편지를 발견하고 다시 읽어볼 때의 느낌은 마치 타임머신을 타고 그 시절로 돌아간 것 같은 아련한 추억을 일깨워 주기에 부족함이 없다.

편지의 생명력을 잘 보여주는 영화로는 아만다 사이프리드 주연의 〈레터스 투 줄리엣(Letters To Juliet)〉이 있다. 〈니라이카나이에서 온 편지〉가 온 편지를 다루었다면 〈레터스 투 줄리엣〉은 보낸 편지가 주 오브제이다. 영화는 '로미오와 줄리엣'의 고장인 이탈리아 베로나로 여행을 간 소피(아만다 사이프리드 분)가 줄리엣 생가의 벽 틈에서 우연히 50년 전에 누군가 넣어둔 편지를 발견하면서 시작된다. 줄리엣 생가에는 전 세계에서 온 여자들이 자신의 감정을 적어 구원의 사랑을 상징하는 줄리엣(Juliet)이라는 가상인물에게 쓴 편지를 붙여두는, 이를테면 '고백의 벽'이 있다. 이 '고백의 벽' 돌 틈에서 누렇게 변색된 채 발견된 이 편지는 50년 전 클레어라는 영국 여인이 이곳 베르나에서 만나 사랑을 나누었던 로렌조라는 이탈리아 남자에 대한 감정을 적어둔 러브레터였다. 영화는 소피가 두 연인의 재회를 위해 동분서주하는 내용으로 진행되고 결국 해피엔딩으로 끝나게 되는데, 영화의 아기자기한 내용도 내용이지만 무엇보다 편지라는 매개체의 생명력에 새삼 놀라게 된 영화였다.

오래된 편지는 마치 알라딘의 요술램프와 같다. 먼지를 뒤집어쓴 낡은 램프를 꺼내어 진실한 마음으로 문질러주면, 지니라는 이름의 내 인생의 소중한 파편들을 불러낼 수 있으니까.

우체국을 지나 다케토미 소중학교에 다다랐다. 막 수업이 시작되었는지 운동장에 아이들의 모습은 보이지 않았다. 다케토미지마의 인구는

300명이 조금 넘는 수준이라 섬 내에 고등학교가 없다. 영화 〈니라이카나이로부터 온 편지〉를 보면 후키가 배를 타고 이시가키지마에 있는 야에야마 고교로 통학하는 장면도 나온다. 죽부 소중학교를 지나 조금 더 내려가니 작은 자전거 수리집이 하나 눈에 들어왔다. 아직 학교 갈 나이가 안 되어 보이는 남매가 가게 앞에 나와서 비눗방울 놀이를 하고 있었는데 커다란 비눗방울을 훅훅 불어대는 오빠와는 달리 어린 여동생은 아무리 불어도 비눗방울이 잘 안 만들어지는 모양이다. 후키의 어린 시절을 연기한 나나 짱 정도 나이로 보이는 여동생은 잔뜩 힘을 주느라 얼굴까지 빨갛게 상기되어 있었다. 몇 번을 실패한 여동생이 이번에는 어렵사리 커다란 비눗방울을 만들었다. 하늘로 날아오른 비눗방울은 아침 햇빛을 받아 무지개처럼 반짝였다.

비눗방울 날았다. 지붕까지 날았다.
지붕까지 날아서 터져 없어졌다.
비눗방울 없어졌다 날지 않고 없어졌다.
태어나자마자 터져 없어졌다.
바람아 바람아 불어라.
비눗방울 날리자.
- 일본 동요 비눗방울 중에서

어느새 해가 점점 높아지고 있었고, 갑자기 맹렬한 허기가 몰려왔다. 잰걸음으로 숙소에 돌아와 보니 어제의 그 친구들은 이미 떠나고 없었다. 주인 할머니가 그 친구들이 남겨두고 간 메모지를 전해 왔다.

elmo ***n203@docomo.ne.jp
microphone - friend ***84@docomo.ne.jp

아마도 휴대폰 전용 이메일 주소를 남겨둔 것 같은데 이 주소로 과연 한국에서 연결될지는 의문스러워 보였다. 차라리 손 편지를 보낼 수 있게 집 주소를 남겨두었으면 좋았을 텐데…라고 중얼거리며 나는 메모종이를 수첩 갈피에 소중히 끼워 넣었다.

다섯째 날: '루리의 섬', 하토마지마

"이제 이 섬의 인구는 49명, 그 중 70%가 60세 이상입니다. 이대로라면 앞으로 10년도 지나지 않아서 정말 노인들만 있는 섬이 되어 버립니다. 20년이 지나면 무인도가 되어버리겠지요. 지금 이 섬에 필요한 것은 어린이입니다."
- 드라마 〈루리의 섬〉 중에서

일본 드라마 중에서도 오키나와 제도의 아름다운 섬들을 배경으로 한 작품은 꽤 많다. 우리나라에도 많이 알려진 〈닥터 고토 진료소〉는 일본 최서단의 섬 요나구니지마가 주 배경이고 〈오늘도 맑음, 남쪽 주재소 이야기〉는 최남단의 섬 하테루지마에서 촬영했다. 시바사키 코우와 다케노우치 유타카가 나오는 〈한여름의 메리 크리스마스〉는 다케토미지마가 배경이다.

몇 년 전 우리나라 케이블 TV에서 방영된 〈루리의 섬〉도 광역 오키나와에 속하는 야에야마 제도의 하토마지마라는 인구 49여 명의 작은 섬을

okinawa 169

배경으로 한 10부작 드라마이다. 손바닥만 한 섬에서 어떻게 드라마 시리즈물이 나올 수 있었을까 의문스럽기도 했지만 폐교 위기에 놓인 초등학교를 살리기 위해 도쿄에서 데리고 온 루리(하루미 리코 분)라는 여자아이의 섬 적응기가 아름다운 섬의 풍광과 잘 어우러져 꽤 재미있게 보았던 기억이 난다.

"과연 지금도 그 초등학교가 폐교되지 않고 잘 있을까? 인구 49명 중 어린아이는 1명이었던 섬에 아이들은 얼마나 늘었을까?"

일정에 하루치의 여유가 생긴 걸 핑계로 이시가키지마에서 그리 멀지 않은 하토마지마를 가 보기로 했다. 지도를 보면 하토마지마는 이시가키지마의 왼편에 있는 이리오모테지마 바로 위에 위치하고 있다. 아침 일찍 이시가키 이도 터미널에 도착해보니 하토마지마까지 가는 배 시간이 너무 많이 남아있어서 별생각 없이 바투 배편이 있는 이리오모테지마 행 배에 올랐다.

"이리오모테지마의 우에하라항에만 가면 엎어지면 코 닿을 곳에 있는, 아니 헤엄쳐서라도 그냥 건너갈 수 있을 것 같은 하토마지마 행 배는 널려 있겠지?"

하지만 웬걸? 우에하라항에 도착해서 배편을 물어보니 오늘은 배편이 없다는 대답이 돌아왔다. 이시가키지마에 가면 오늘 오후에 출항하는 배가 있을 것이라는 친절한 설명과 함께. 결국 우에하라항에서 1시간 반쯤 기다려서 다시 이시가키지마로 돌아간 다음 오후에 있는 배를 타야 한다는 얘기였다. 아마도 우에하라에서 하토마지마로 들어가는 배편 수요가 별로 없다 보니 운항 횟수가 허브 항구인 이시가키항보다 적은 모양이었다. 이시가키 행 티켓을 미리 끊어 들고 터덜터덜 우에하라항을 빠져나왔다. 혹시 시내로 가는 차편이라도 있으면 잠시 마을구경이라도 하고 싶지만 터미널 주변에는 차는커녕 변변한 건물 하나 눈에 띄지 않았다. 터미널 앞에는 파인애플을 닮은 판다누스 유틸리스 열매가 땅바닥에 나뒹굴고 있었는데 자세히 보니 나비들이 달착지근한 과일즙을 먹으려고 열매에 잔뜩 달라붙어 있었다. 열매에 붙은 나비 사진을 찍으며 점점 중천으로 치솟고 있는 태양 아래서 시간을 보낼 수밖에 별 도리가 없었다.

오카다 히데오의 소설 중에 '남쪽으로 튀어!' 라는 파격적인 제목의 소설이 있다. 운동권 출신의 사고뭉치 아버지가 또다시 관공서 직원들과 다투는 바람에 온 가족이 거의 야반도주로 멀고 먼 남쪽 섬으로 튄다는 내용의 소설인데, 이 소설에 나오는 남쪽이 바로 이리오모테지마이다. 소설에 나오는 가족의 성이 우에하라(상원)인데, 공교롭게도 지금 도착한 항구이름도 우에하라항이었다. 그러고 보니 소설 속에서도 우에하라에 대한 언급이 있었던 걸로 기억한다.

저 위쪽에는 '우에하라 항구'라는 데도 있어. 그럼 혹시 이리오모테가 우리 집안의 시조인가? 아버지를 붙잡고 물어봤더니, 아버지는 "그럼 시부야 씨는 죄다 시부야 태생이냐?"라고 퉁명스럽게 쏘아붙였다.

소설 속에서도 묘사되지만 이리오모테지마는 온 섬이 아열대 정글로 덮여 있다. 야에야마 제도 중에서도 자연이 원시 그대로 가장 잘 보존되어 있는데 섬의 정글 속에서 사는 야마네코(산 고양이)가 섬을 대표하는 명물이라고 한다. '남쪽으로 튀어!'는 영화로도 제작되었다. 운동권 출신의 아버지 이치로 역으로는 영화 〈러브레터〉에서 아키바 선배 역을 맡았던 토요카와 에츠시가 나오는데, 소설 속의 사고뭉치 아버지 이미지를 완벽하게 재현했다. 토요카와 에츠시는 영화 〈훌라 걸스〉에서 아오이 유우의 오빠 역으로도 나온다.

우리나라에서도 〈남쪽으로 튀어!〉를 리메이크한다는 뉴스를 본 적이 있는데 김윤석과 오연수가 아버지와 어머니로 캐스팅되었다고 한다. 연기의 달인 김윤석이 어떤 캐릭터를 만들어 낼지 자못 기대된다. 개인적인 생각으로는 토요카와 에츠시와 이미지가 비슷한 유준상이 맡아도 사고뭉치 아나키스트라는 강하면서도 일면 허당기 있는 이치로 캐릭터를 잘 살릴 것 같다.

그럭저럭 배가 출발할 시간이 다 되었으므로 우에하라 터미널 안에 있는 작은 기념품 가게에서 야마네코(산 고양이)가 그려진 기념 티셔츠를 하나 사 들고 방금 도착한 이시가키지마 행 배로 천천히 걸어갔다.

주위 - 3.8km
인구 - 49명
평균 연령 - 63.5세
어린이 수 - 1명

드라마 〈루리의 섬〉 제1화의 첫 장면에 나오는 섬에 대한 묘사이다. 실제의 섬 하토마지마(구간도)가 드라마에서는 하토미지마(구해도)로 이름이 바뀌어 나온다. 드라마 타이틀부터 마치 사이판의 마나가하 섬을 연상케 하는 푸른 산호초 섬 하토마지마의 풍광이 펼쳐지는데, 보는 이의 눈을 단번에 사로잡기에 조금의 부족함도 없다. 하토마지마에 내리는 탑승객은 이시가키지마에 장을 보러 다녀오는 섬 주민들 몇 말고는 외부인은 달랑 나 혼자였다. 미니버스를 몰고 호객을 하러 나온 남자가 재빨리 다가왔다. 하와이언 풍의 알로하 남방셔츠를 입은 남자가 모는 미니버스를 타고 차라리 걷는 것이 빠를 만큼 선착장 바로 코앞에 있는 '쿠리게야'라는 이름의 민슈쿠 집으로 갔다.
쿠리게야는 120년 된 고옥으로 오키나와 전통방식으로 지어진 기와집이었다. 작은 식당도 하나 딸려 있었는데 식당에 앉아 식사를 하다 보면 선착장의 배에서 내리는 사람들의 얼굴도 분별할 수 있을 정도였다.

成海璃子
「瑠璃が素直になったら
わたしの性格に似てきたかも」

목이 말랐으므로 우선 가키 고리를 하나 주문했다. 코가 커서 영화배우 더스틴 호프만을 연상시키는 사카이 상이 딸기 빙수를 내오며, 어떤 연유로 이 하토마지마에 오게 되었는지를 물어왔다. 드라마 〈루리의 섬〉을 보고 찾아왔다고 하니 놀란 표정을 하며 보여줄 게 있다고 잠깐 기다리란다.

빙수를 한 입 떠먹고 있는 사이 사카이 상이 책 몇 권을 들고 왔다. 드라마 〈루리의 섬〉에 관한 책과 함께 원전이라고 할 수 있는 소설 '어린이를 찾습니다! - 오키나와 외딴 섬'과 만화책 '빛의 섬'이었다. '어린이를 찾습니다!'를 제목으로 할 만큼 오키나와의 낙도에는 어린이가 절대 부족하다는 사실이 새삼 실감 났다. 그리고 보니 오키나와 나하에서도 **'소학교(초등학교)를 구하기 위해 총궐기합시다!'** 라는 벽보를 본 기억이 났다. 소설이 먼저였는지 만화가 먼저였는지는 기억이 가물가물하지만 책 세 권을 가지고 요리 놓고 한 장 조리 놓고 한 장 사진을 찍는 내 모습을 본 사카이 씨가 또 다른 사진집 한 권을 더 내왔다. 한 사진작가가 찍은 하토마지마의 풍경 사진집이었다. 이 작가 말고도 오키나와를 찍는 사진가로 유명한 오오츠카 쇼쿠는 평생을 오키나와의 아름다운 자연을 찍는 데에 온 힘을 쏟았다고 한다.

'오키나와-미야고-야에야마 제도' 등 그의 사진집에도 이 하토마지마의 풍경이 실려 있다. 우리나라 사진작가 중에도 제주도의 아름다운 풍광과 그 속에서 살아가는 사람들의 진솔한 모습만을 찍어온 김영갑 선생이 있는데 어쩌면 여름 풍경뿐인 오키나와보다 봄여름 가을 겨울의 사계를 찍은 김영갑 선생의 작품이 더 아름다울지도 모른다는 생각이 들었다.

식당을 나와 우선 마을을 한 바퀴 돌아보기로 했다. 마을이라고 해봤자 20가구도 채 되지 않는 말 그대로 손바닥만 한 동네였다. 그래도 간이 우체국도 있고 스쿠버 다이빙 숍도 눈에 띄었다. 하토마지마의 중심부에는 등대가 하나 있는데 언덕길을 따라 약 10분 정도만 올라가면 도착할 수 있는 거리였다. 그래도 올라가는 길은 꽤 가팔랐고, 열대 정글을 방불케 할 만큼 아열대림이 우거져 있었다.

드라마에서 루리(하루미 리코 분)가 우울할 때면 자주 찾던 공간이라 데자뷔를 느낄 정도로 눈에 익은 등대였지만, 그리 높지 않은 하얀 등대에 올라보니 하토마지마의 바다가 또 다른 모습으로 눈에 들어온다. 등대 주위는 하토마지마(구간도)라는 이름 그대로 비둘기 떼가 장악하고 있었다. 비둘기는 뻐꾸기의 알을 부화시키고 키워준다고 하는데 드라마에서는 하토마지마의 주민(비둘기)이 뻐꾸기의 알(루리)을 키워준다는 상징성을 잘 보여주고 있다.

현재의 오키나와 제도가 예전에는 류큐 왕국이었던 만큼 아직도 독특한 문화나 풍습이 면면히 이어져 내려오고 있는데 '유이마루나 우츠구미'라는 공동체 문화가 그것이다. 유이마루는 서로 품앗이로 도와가며 살아가는 풍습을 뜻하는 말로 소설 '남쪽으로 튀어!'에서 잘 표현되고 있다. 우에하라 가족이 도쿄에서 이리오모테지마의 빈 폐가로 이주했을 때 생면부지의 마을 사람들이 먹을거리를 가져다주거나 집수리를 도와준다. 심지어는 경운기를 내주거나 고기 잡으라고 작은 어선도 흔쾌히 양도해 준다. 물론 사고뭉치 아버지 이치로가 이리오모테지마 출신으로 외부침략에 맞서 혁혁한 공을 세운 우에하라 가문의 후손이라는 점이 많이 반영되었다고 하지만 유이마루라는 공동체 문화가 없었다면 감히 생각할 수 없는 이웃 간의 끈끈한 정이었을 것이다. 영화 〈니라이카나이로부터 온 편지〉의 첫 컷은 우츠구미라는 마을 공동체 정신을 설명해 주는 자막으로 시작된다.

"다케토미지마는 예로부터 마을 사람들이 서로 협력하고 도와가는 우츠구미의 마음이 강했다."

영화 중에도 이 우츠구미 정신을 발휘하여 후키를 서로 도와서 잘 키워나가자는 마을회의 장면이 나온다. 어찌 보면 류큐 왕국의 독특한 품앗이 문화와 우리나라 고유의 이웃사촌 정신은 서로 맞닿아 있다는 생각이 들었다.

등대에서 내려와 왼쪽으로 꺾어들었다. 고만고만한 집들을 몇 채 지나는데 구멍가게를 겸한 집 옆 공터에서 염소 두 마리가 놀고 있는 모습이 눈에 들어왔다. 다가가 보니 한 마리는 우리에 들어앉아서 졸고 있는데 반해 한 녀석은 줄에 묶인 채 열심히 풀을 뜯어 먹고 있었다. 드라마에 나오는 아기 염소들의 귀여운 모습을 떠올리며 풀을 먹고 있던 염소 옆으로 다가가는데 갑자기 가게 밖 테이블에 앉아있던 여주인이 크게 소리치며 단걸음에 달려왔다. 보기보다 꽤 사나운 녀석들이라 자칫 잘못하면 뿔에 찔릴지도 모르니 가까이 다가가지 말라는 얘기였다. 그러고 보니 풀을 뜯어 먹고 있다가 문득 고개를 들어 나를 노려보는 염소의 모습이 얼핏 작은 악마 같다는 생각마저 들었다. 의도를 짐작할 수 없는 누리끼리한 눈과 괜스레 얄미운 느낌이 드는 턱수염, 게다가 만만치 않은 뾰족한 뿔까지…. 마치 일진 짱이 순진한 학생에게 "털어서 돈이 나오면 100엔에 1대씩!"하고 위협하는 것처럼 녀석은 정체 모를 미소까지 흘리며 나를 만만하게 째려보았다. 일단 기 싸움에서 밀린 나는 여주인에게 애매한 웃음을 지어 보인 채 슬금슬금 뒷걸음을 칠 수밖에 없었다. "한국에 돌아가면 제일 먼저 염소 불고기를 먹어 치울 테야!"라는 유치하기 짝이 없는 복수극을 꿈꾸며 염소 곁을 빠져나와 낮은 언덕길을 잰걸음으로 내려왔다. 언덕길 끝 무렵의 키 큰 나무들 사이로 꽤 큰 운동장을 가진 학교의 모습이 눈에 들어왔다. 이 학교가 바로 드라마의 주 무대인 하토마 소학교(극 중에서는 하토미 소학교)였다.

'학생 한 명이 도시로 전학을 가면서 폐교위기에 놓였던 하토마 소학교가 루리로 인해 위기를 벗어나고 마침내 더 많은 전입생들이 오게 된다!'는 스토리가 믿어지지 않을 만큼 학교는 평온한 모습이었다. 천연잔디가 깔린 널따란 운동장에는 드라마에 나왔던 노란색 미끄럼틀도 앙증맞은 모습을 하고 있었다. 무엇보다 좋은 점은 학교 운동장을 가로지르면 곧바로 에메랄드 빛 푸른 바다가 펼쳐진다는 것. 오다 유지가 담임선생님으로 나오는 드라마〈태양과 바다의 교실〉처럼 태양과 바다만 볼 수 있는 학교에 다니는 학생들은 얼마나 행복할까 싶지만 드라마에서는 루리와 사나에 선생님(고니시 마나미 분) 간의 기 싸움이 종종 펼쳐지곤 했다. 특히 전교생이 한 명뿐인 학교에서의 출석 부르기가 압권이었다.

"그럼 출석을 부르겠습니다, 후지사와 루리!"
"네! 전원 출석입니당!"

우리나라 영화〈선생 김봉두〉에서도 다섯 명뿐인 전교생의 출석을 부르는 장면이 나온다. 그러고 보면〈선생 김봉두〉와〈루리의 섬〉은 정반대의 처지를 지녔다. '학교를 살리기 위해 불량기 있는 단 1명의 학생과 기 싸움을 벌이는 선생님' vs '5명의 학생을 도시로 전학 보내서 학교를 폐교시키려는 선생님'

학교 안으로 슬쩍 들어가 보았다. 지금은 몇 명의 학생들이 재학하고 있는지 모르겠지만 평일인데도 학교 안에는 학생들이나 교사들의 모습을

찾아보기 힘들었다.

"설마 또 폐교 위기에 몰린 건 아니겠지?"

운동장을 가로질러 바다 쪽으로 나가보았다. 산호초로 인해 얕은 라군이 형성된 작은 해변은 그야말로 하토마지마 소학교 전용 수영장이라고 해도 좋을 정도였다. 나이 든 학생이라도 받아준다면 다시 이 소학교에 다니고 싶다는 생각을 하며 나는 해변 방파제 길을 걸어 숙소로 돌아갔다.

밤이 되자 갑자기 소나기가 쏟아졌다. 어두워지면 선착장 옆 비치로 나가보려던 계획에 비 때문에 차질이 생긴 셈이다. 개인적으로 드라마에서 가장 인상 깊었던 장면은 루리가 바다거북이의 부화 장면을 보려고 선착장 옆 비치에서 숨죽이며 기다리던 장면이었다.

"처음 알았다 하토마지마의 모래사장은 밤에도 따뜻했다. 별이 이렇게 아름답게 보인 것도 처음이었다."

- 루리의 독백 중에서

비가 오니 드라마에서처럼 모래사장을 기어갈 수도 없는 노릇이고 그보다도 비 오는 날 새끼 바다거북이가 모래를 헤치고 올라올 리가 만무하다는 생각이 들었다. 물론 새끼 바다거북이가 날이면 날마다 부화를 하는 건 아닐 터이니 날이 좋더라도 부화 장면을 볼 확률은 거의 제로에

가까웠다. 그래도 혹시나 하며 모래사장을 지켜보는 것만으로도 충분히 하토마지마에 온 보람이 있을 터인데 그 기회마저 박탈해버리는 비가 너무 무심했다. 부화한 새끼 바다거북이가 모래를 박차고 나와서 힘차게 바다로 나아가던 드라마의 장면을 떠올리며 혹시 영화 〈거북이는 의외로 빨리 헤엄친다〉의 미키 사토시 감독이 하토마지마에 와서 거북이의 부화장면을 보고 아이디어를 얻은 것은 아닐까 하는 상상을 하고 있는데 밖에서 부르는 소리가 들렸다.

문을 열어보니 사카이 상이 우산을 들고 서 있었다. 마을의 유력인사들이 마을자치회장 집에서 술판을 벌이고 있는데 한국에서 온 귀한 손님에게 술을 한 잔 권하고 싶다고 속히 모셔오라는 하명을 내렸다고 했다. 나는 체질적으로 술을 거의 못하기 때문에 어려운 술자리는 가급적 피하고 싶었지만 마을 유력인사들의 호의를 무시할 수도 없어서 일단 사카이 상을 따라나섰다.

엄청나게 쏟아지는 비를 뚫고 20미터쯤 걸어가니 방갈로처럼 생긴 목조건물이 나타났다. 마을 유력인사들은 마을자치회장과 고조 센세(하토마지마 소학교 교장 선생님), 그리고 마을 이장 이렇게 세 명이었다. 정체를 알 수 없는 여자 한 명이 자리를 함께하고 있었는데 유력인사들의 부인이 절대 아니라는 점은 분위기로 느낄 수 있었다.

고조 센세(교장 선생님)는 이미 많이 취한 상태였는데 다짜고짜 나에게 술잔을 디밀었다. 술은 오키나와 특산물인 '아와모리'로 독하기로 정평이

나있는 오키나와 소주였다. 이 자리에서 술을 안 마셨다가는 다음에 하토마지마에 다시 올 때 출입거부를 당할 수도 있겠다는 절박함에 에라 모르겠다 하는 심정으로 단번에 술을 들이켰다.

"어떤 연유로 일본사람들도 잘 찾지 않는 이 섬에 오게 됐는지요?"
"드라마가 한국에서도 방영이 되었다고? 참말인가?"

마을 이장과 자치회장의 연이은 질문에 사카이 상의 영어통역으로 떠듬떠듬 대화를 이어가고 있는데 갑자기 고조 센세가 "에이고(영어)는 안 돼! 니혼고(일본어)로 말해! 일본어로!"라고 목소리를 높였다.
"이름이 뭐라고 했지? 한국이름은 외기 너무 힘들어!"
벌써 내 이름을 열 번 정도는 물어온 고조 센세가 다시 술잔을 내밀었다. 일단 술잔을 받은 다음 고조 센세가 안보는 틈을 타서 슬쩍 사카이 상에게 잔을 돌렸다. 눈치 빠른 사카이 상이 재빨리 잔을 입으로 가져갔다. 이름에 술 '주' 자가 들어간 사카이(주정) 상 덕분에 나는 난감한 상황을 잘 피해 갈 수 있었.
'혹시 고조 센세의 술 냄새 때문에 학생들이 학교를 떠나는 건 아닐까?'라는 생각이 들 정도로 과하게 술을 마시던 고조 센세가 정신을 잃고 사카이 상에 업혀 나가자 자연히 술자리는 파장을 맞이했고 덕분에 나는 더는 술을 마시지 않고 무사히 숙소로 돌아올 수 있었다.

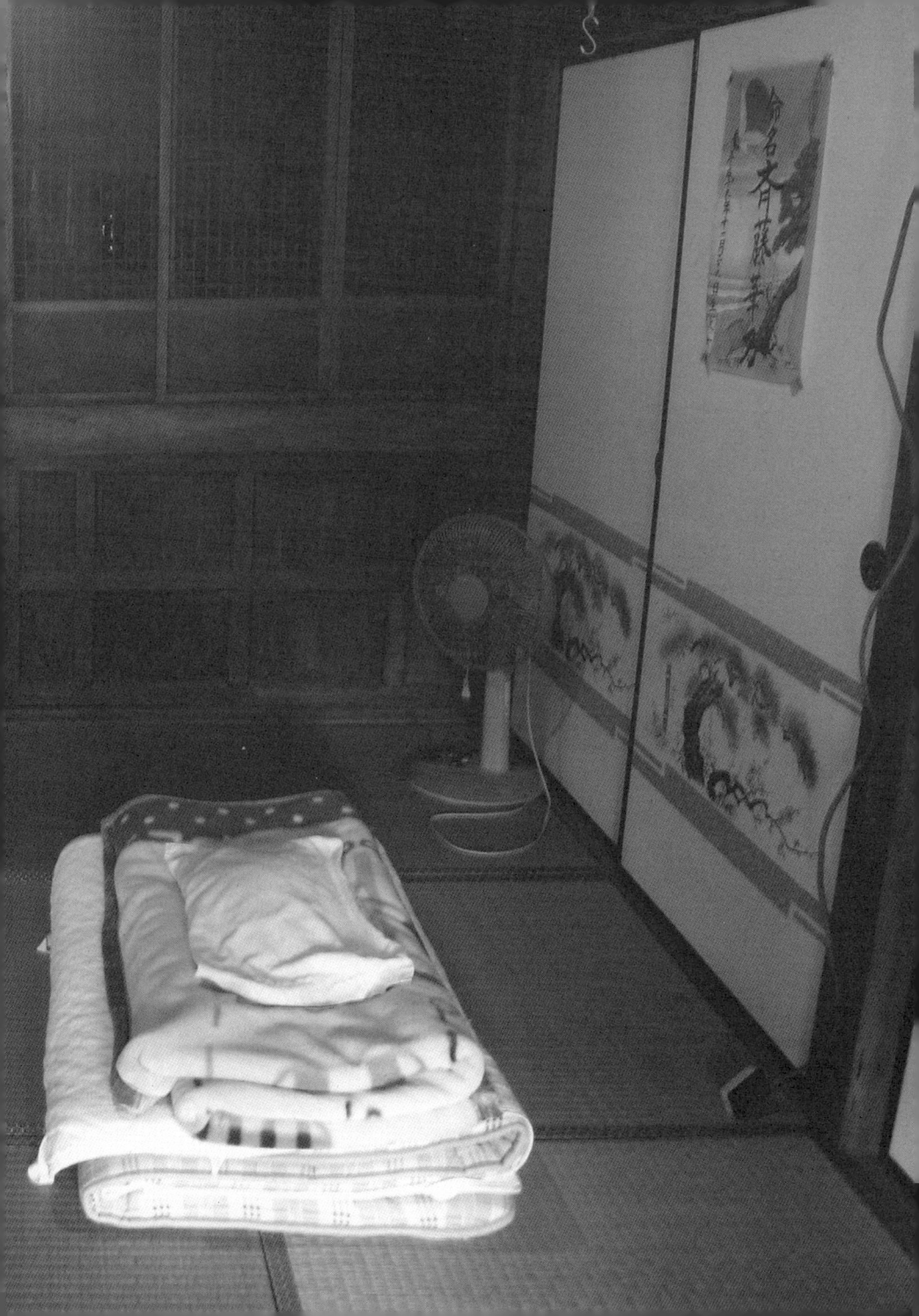

지은 지 120년 되었다는 쿠리게야는 오래된 고옥답게 얇은 창호지 문으로 방이 구분되어 있었다. 어느새 주인집 할머니가 모기장을 쳐 놓은 것까지는 좋았는데 바로 옆방에서 주무시는 할머니의 코고는 소리가 천둥소리만큼 크게 들려 올 정도로 방음은 영 젬병이었다. 기와를 타고 흘러내리는 낙숫물 소리와 할머니의 코고는 소리 때문에 좀처럼 잠을 못 이루고 있는데 갑자기 푸드득 하며 검은 물체가 다다미방 바닥을 기어가는 소리가 들렸다. 누군들 벌레를 좋아하랴마는 유난히도 벌레를 싫어하는 탓에 머리카락이 쭈뼛 서며 더 이상 잠을 잘 수가 없었다. 조심스레 자리에서 일어나 천장에 달린 알전구를 켰다. 주위를 둘러보니 천장 쪽에 붙어있는 작은 물체가 보였다. 그 물체는 벌레가 아니라 분홍빛을 띤 도마뱀이었다. 안도의 한숨을 내쉬며 나는 도마뱀과 눈씨름을 하며 비 오는 하토마지마의 밤을 하얗게 밝히고야 말았다. 언뜻언뜻, 고주망태가 된 교장 선생님이 과연 내일 정상적으로 업무를 볼 수 있을까 걱정을 하면서….

다음 날 아침 간밤의 소나기는 말끔히 그쳐 있었다. 그새 잠깐의 햇빛으로 '어젯밤의 비는 꿈속에서 내리던 비였나?' 싶을 정도로 온 대지는 말짱한 모습을 한 채 시치미를 뚝 떼고 물러나 있었다. 아침 식사를 하러 식당에 갔더니 사카이 상 역시 말끔한 모습으로 "오하요 고자이마스!" 하고 반겨 주었다. 어젯밤 술자리에서 대신 술을 마셔줘서 고맙다고 인사하자 사카이 상은 외려 고조 센세 때문에 미안하다고 사과했다.

아침을 먹고 나자 사카이 상이 사인펜을 들고 오더니 식당 천장에 기념 사인을 해달라고 부탁을 한다. 강남의 고깃집에 가면 벽면이 온통 연예인들의 "사장님! 고기 너무 맛있어요!" 하는 사인 글로 채워져 있는 것을 못마땅해하는 터라 처음엔 주저했지만 사카이 상의 부탁을 거절할 수가 없어서 일단 펜을 받아들었다. 처음엔 작게 몇 글자만 남기자고 생각했으나 정신을 차리고 보니 거의 천장의 반쯤 되는 공간에다가 빼곡하게 글을 써놓은 나 자신을 발견했다.

"한국에서 TV 드라마 〈루리의 섬〉을 보고 하토마지마에 꼭 와보고 싶었습니다. 너무 아름답고 또 섬 주민들도 너무 친절해서 '천국의 섬'이 바로 이곳이라는 생각이 듭니다…(중략)"

다시 지울 수도 없고 해서 난감해하는 나와는 달리 사카이 상은 미켈란젤로가 그린 '시스틴 성당 천장화'를 올려다보는 대주교처럼 매우 흡족한 표정을 지어 보였다. 한글이 아주 예쁘다며 디카로 사진까지 찍고서는 프린터로 뚝딱 출력해서 벽에 붙여놓기까지 했다.

하토마지마는 가리비 조개 모양을 한 작은 섬이다. 섬 중앙 하단부에 하토마 항이 있고 섬을 빙 둘러 몇 개의 비치가 있다. 아침을 먹고 난 후

→ 한국에서 TV 드라마 「루리의섬(瑠璃の島)」를
보고 "하토마지마(鳩間島)"에 꼭 와
였습니다. 너무아름답고 ㅎ, 섭ㅅ
에서　天国의꿈이 바로 이웃
다시 오고 싶은데 그때는

hatomajima, 하토아지이 사를ㅈ
2011. 6. 17
윤정구

비치들을 따라 섬을 일주해보기로 했다. 섬 자체가 그리 크지 않을 뿐 아니라 뱀도 없기 때문에 샌들을 신고 돌아다녀도 큰 무리는 없을 것 같았다.

야에야마 제도의 아열대숲에는 독성이 약한 뱀들이 상존하는데 하토마지마와 요나구니지마, 하테루지마 등 몇몇 섬에는 뱀이 없다고 한다. 요나구니지마와 하테루지마는 거리가 꽤 떨어져 있기 때문에 이해가 가지만 하토마지마는 아열대숲으로 우거져서 온갖 동식물들이 서식하는 이리오모테지마로부터 불과 몇백 미터도 떨어져 있지 않은데 어찌 된 연유로 뱀이 없을까? 혹시 이리오모테지마로부터 바다를 건너 이곳 하토마지마로 오던 뱀이 중간에 기력이 떨어져서 '바다뱀(하부)'이 된 것은 아닐까? 아무튼 수풀을 헤쳐나가도 뱀 걱정은 안 해도 되는 하토마지마의 자연환경에 감사하며 나는 우선 섬 동쪽에 있는 후나하루 비치를 목표로 숙소를 나왔다.

하토마지마 소중학교 뒷길을 따라 조금 더 걸어가자 좁은 숲길이 나타났다. 해변을 따라 난 외길이었기 때문에 길을 잃을 염려는 없었다. 좁은 길옆에는 하토마지마의 섬 꽃인 월조를 비롯해서 소철 종려 같은 아열대 식물들이 무성하게 웃자라 있었다. 판다누스 유틸리스 나무숲 사이로 모습을 드러낸 후나하루 비치는 의외로 우리나라 서해안의 개펄처럼 진흙으로 뒤덮인 해변이었다. 숲으로 난 동쪽 길로 더 나아가 봤자 특별한 볼거리는 없을 것 같아 다시 반대방향으로 길을 돌아 나섰다. 소중학교 운동장으로 이어지는 해안 길을 따라 내려오니 H자가 새겨진 헬기 착륙장이 눈앞에 나타났다.

〈루리의 섬〉 제2화에는 루리가 배가 아프다고 거짓말을 해서 해상보안청의 헬리콥터가 이 헬기 착륙장에 내려 루리를 이시가키지마로 후송하는 장면이 나온다. 단지 반항하기 위해서 배가 아프다고 거짓말을 했지만 사태는 헬기까지 동원되는 상황으로 치닫고 만다. 헬기 안에서 함께 탄 유조 상의 부인(루리의 양할머니)에게 배가 아픈 것이 거짓말이었다고 실토하지만 양할머니는 아프지 않은 것만도 다행이라며 기뻐한다. 한시름 놓은 양할머니는 하토마지마를 내려다보며 "이렇게 보니 정말 작구나!"라고 무심히 말하지만 나중에 루리는 "하늘에서 본 하토마지마는 너무 예뻤어요!"라고 고백한다. 이 장면은 반항하는 자기를 무한한 애정으로 감싸주는 하토마지마 사람들의 진정성에 루리의 마음이 조금씩 움직이는 것을 상징하고 있다.

헬기장을 지나쳐 이번에는 선착장 서쪽에 있는 야라 비치를 향해 나아갔다. 간이우체국을 지나자 야라 비치를 가리키는 이정표가 나타났다. 마을을 빠져나오자 긴 풀숲 길이 모습을 드러냈다. 드라마에서 보면 루리가 슬플 때나 기쁠 때나 〈달려라! 하니〉처럼 마구 뛰어가는 길이 있는데 아마도 이 길이 아닐까 추측되었다. 나도 한번 루리처럼 뛰어볼까 하는 순간 입구 표시판이 눈에 들어왔다. 입구에 있는 작은 정원에는 특이하게도 코스모스가 만개해 있었다.

"가을에 피는 코스모스가 어떻게 아열대 섬에 피는 것일까?"

그러고 보니 다케토미지마에도 해바라기가 한껏 피어 있었던 기억이 났다. 해변 쪽으로 난 좁은 모랫길을 내려서자 아까 본 개펄상태의 후나하루 비치와는 다른 아열대 섬 특유의 눈부신 해변이 나타났다. 밀가루처럼 고운 백사장 앞에 펼쳐진 에메랄드 빛 바다 너머 이리오모테지마가 나름 웅장한 자태를 드러내고 있었다. 얼핏 저 멀리 커다란 나무쪽에서 인기척이 느껴져 바라보니 챙이 있는 모자를 쓴 젊은 여자 한 명이 나무 그늘 아래에 앉아서 책을 읽고 있는 모습이 눈에 들어왔다. 고바야시 사토미가 테라자키 해안에서 책을 읽고 있던 영화 〈안경〉 속 장면과 거의 흡사한 모습이었다.

"저 여자도 고바야시 사토시처럼 휴대폰이 터지지 않는 섬을 찾아왔을까?"

하지만 아이러니한 느낌을 주는 것이 영화 속에서 휴대폰이 터지지 않는 요론지마는 물론이고 인구 49명의 이 하토마지마에서도 현실적으로 전화는 물론 인터넷도 잘 터진다는 점이다. 미얀마와 라오스 같은 동남아를 처음 여행했을 때 가장 참을 수 없던 점은 바로 휴대폰과의 단절이었다. 배낭여행 초기 로밍도 안 되는 라오스 오지에서 전자시계로 변해버린 휴대폰을 바라보며 휴대폰 금단현상에 몸을 떨던 때도 있었다. 하지만 어느 순간 휴대폰에서 해방된다는 것이 얼마나 행복한지를 깨닫고 나서부터 나는 여행을 떠날 때는 가급적 휴대폰이나 노트북을 버리고 다닌다. 외국에서 전화할 만큼 그리 급박한 일도 또 나를 애타게 찾는 사람도 없다는 점을 깨닫고 나면 세상이 한결 자유로운 모습으로 다가오는 것을 느끼게 된다.

아날로그 세대라서 그런지 나는 트위터나 페이스북 같은 SNS도 잘 하지 않는 편이다. 마음 같아서는 이메일이나 카카오톡 마저 버리고 손으로 눌러 쓴 종이 편지를 사용하고 싶기도 하다. 청마 유치환의 시에 나오는 것처럼 손 편지는 쓰는 사람이나 받는 사람 모두를 행복하게 해준다는 비현실적인 종이편지 숭배주의라고나 할까?

'오늘도 나는 에메랄드 빛 하늘이 환히 내다뵈는 우체국 창문 앞에 와서 너에게 편지를 쓴다… 중략
사랑하는 것은 사랑받는 것보다 행복 하나니라
오늘도 나는 너에게 편지를 쓰나니 그리운 이여, 그러면 안녕'

- '행복 / 청마 유치환

예전에는 해외여행을 가면 현지에서 그림엽서를 사서 뒷장에 "에펠 탑이 보이는 파리의 노천카페에서 OOO"이라든지 "산타 모니카 비치에서 OOO" 같은 글귀를 멋들어지게 써서 주고받던 시절도 있었다. 낭만적 복고주의가 무조건 좋다고는 볼 수 없겠지만 슬로우 라이프에 대한 갈망은

오키나와 섬들을 여행하다 보면 더 절절하게 가슴에 와 닿는다. 나는 나무그늘 아래서 책을 읽고 있는 저 여자가 진정으로 자유로움을 느끼기를 빌며 방해되지 않게 조용히 해변을 빠져나왔다.

이시가키지마로 돌아가는 배를 타러 가는 길에 배웅을 나온 사카이 상에게 현재의 인구수를 물어보았다. 드라마 촬영 후 인구가 63명으로 늘어난 적도 있었지만 지금은 다시 줄어 현재 상주인구는 48명이라는 대답이 돌아왔다. 다음에 이 섬을 찾아올 때는 온 섬이 어린아이들로 북새통을 이루기를 빌며 나는 이시가키 행 배에 올라탔다.

(P.S)
당시 13살의 나이로 드라마 〈루리의 섬〉에서 주인공역을 맡았던 하루미 리코는 어느덧 성년이 되었다. 이후 영화 〈너에게 밖에 들리지 않아〉〈내일의 나를 만나는 방법〉〈서도걸즈〉〈우리들의 갑자원〉 등에 꾸준히 출연했는데 청춘물의 주인공보다는 〈루리의 섬〉에서의 여리면서도 씩씩한 모습의 나루미 리코가 더 어울린다는 생각이 든다.

수수께끼에 쌓인 헤어 디자이너 가와지마 역의 다케노우치 유타카는 드라마 〈한여름의 메리크리스마스〉와 영화 〈냉정과 열정사이〉 등에 나왔는데, 현재는 〈한 번 더 너에게 프러포즈〉란 드라마에 출연하고 있다. 사나에 선생님으로 나온 고니시 미나미는 이후 영화 〈우동〉과 〈연애소설〉 등에 출연했다.

여섯째 날: 일본의 끝에서, 요나구니지마

아야카: 어째서 동경의 대학병원을 나와서 이런 작은 섬의 진료소로 오려고 하셨나요? 왠지 선생님 실력이 아깝다는 생각이 들어요
고토: 하지만 그 반대야 나는 이 섬이 나한테 아깝다는 생각이 들어
- '닥터 고토 진료소' 중에서

요나구니지마는 일본 본토에서 서쪽으로 가장 멀리 떨어진 섬이다. 도쿄에서는 약 1,900km, 이시가키지마로부터는 약 127km 떨어진, 말 그대로 절해고도의 섬이다. 반대로 대만으로부터는 약 111km 떨어져 있으므로 아이러니하게도 일본보다는 대만에 더 가까운 영토인 셈이다.
요나구니지마는 인근 바다 속의 해저피라미드 유적이 해외 다큐멘터리에 가끔 소개되기도 하지만 무엇보다 높은 시청률을 기록했던 드라마 〈닥터 고토 진료소〉의 무대이기도 하다. 이 드라마의 주 촬영장소인 요나구니지마는 말 그야말로 드라마에서나 접할 수 있는 요원의 섬이라고

생각했지만 이시가키지마를 여행하는 김에 한 번 가 볼 엄두를 내보았다. 우연히 인터넷 검색을 하다가 요나구니지마에 관한 흥미로운 기사를 접하게 되었는데, 조선 성종 때 제주도민 김비의를 비롯한 조선인 몇몇이 이 섬에 표류해서 약 6개월을 머물렀다는 사실이다. **김비의 일행은 왕에게 진상할 귤을 싣고 가다가 추자도 부근에서 폭풍을 만나 표류하게 된다. 이들이 표류하여 도착한 곳은 당시 류큐 왕국의 영토였던 요나구니지마이고 이후 이들은 이리오모테지마, 하테루지마, 미야고지마 등을 거쳐 일본 본토인 가고시마에까지 이르게 된다.**

그리고 보면 김비의 일행은 몇백 년 전에 이미 요나구니지마를 비롯한 오키나와 이도들을 두루 섭렵한 셈이다. 조선에서 표류해온 사람들을 환대해 주고 다시 고국으로 돌려보내 준 역사적 기록을 미루어 보면 당시는 조선과 류큐 왕국과의 교류가 꽤 활발했던 것 같다.
허균의 소설 '홍길동 전'에 나오는 율도국이 오키나와 주변에 있는 섬이라는 가설을 본 적이 있는데 개인적으로는 충분히 가능한 역사적 사실이라고 생각한다. 홍길동이 성종 다음 임금인 연산군 시절에 실존한 인물이라는 점을 사실로 가정했을 때 성종 ~ 연산군 시대에 조선과 류큐 왕국의 교류가 활발했던 점은 의심의 여지가 없는 것 같다.
베트남의 호이안을 여행했을 때 조선의 상인들이 풍랑을 만나 호이안에 흘러들어왔다는 기록을 본 적이 있다. 그리고 보면 우리나라도 굳이 신라시대의 해상왕 장보고를 제외하더라도 늘 바다로의 진출을 시도한 해상국가일 수도 있다는 생각이 들었다.

마이클 야마시타라는 내셔널 지오그래픽 사진작가의 '쩡 허(정화) 사진집'을 우연히 본 적이 있는데 명나라 영락제 시절의 환관이자 해군 사령관이었던 쩡 허의 해상 루트를 따라 사진작가의 시각으로 역사를 재조명한 사진집이었다. 쩡 허는 영락제의 명을 받아 중국 남부로부터 베트남 태국 말레이시아 등의 동남아는 물론 인도 중동 아프리카까지 진출한 역사적인 인물이다.

일찍이 크고 작은 30여 나라를 찾아 십만 리의 바닷길을 다녔네.
망망대해에서 산처럼 큰 파도가 하늘을 엎을 듯이 몰아쳤다네.
보이느니 안개 자욱하게 덮인 바다 틈틈이 낯선 이국의 풍경이라네.
닻을 올려 밤낮으로 바다를 달리니,
파도가 뱃전을 때리고 그 파도를 우리 배가 뛰어넘었다네.

-쩡 허의 '천비지신령응기' 중에서

뱃사람이자 모험가인 쩡 허의 웅대한 기상이 잘 느껴지는 글인데 아마도 우리의 옛 선조도 쩡 허 못지않게 먼 바다를 누비고 다녔음에 의심의 여지가 없다.

요나구니지마 가는 길

요나구니지마는 면적이 28.8㎢고 인구는 약 1,700명 정도 되는 그리 크지 않은 섬이다. 이시가키지마로부터 크루즈로 약 4시간 반 정도 소요되는데 배는 일주일에 두 번 정도 운항한다. 제2 선착장은 이리오모테지마, 다케토미지마 등으로 가는 이도 터미널과 잔교를 사이에 두고 서로 반대편에 따로 있다. 하루 전에 미리 일정표를 확인해 놓았기 때문에 나는 배 출발시간인 오전 10시 조금 못 미쳐 요나구니지마 행 독점 크루즈 노선인 후쿠야마 해운 매표소로 갔다. 4시간이 넘게 걸리는 운항시간 때문인지 배의 크기는 거의 가고시마에서 출발하는 아케보노호 정도로 꽤 컸다. 배의 전경이 한 프레임 안에 잘 담기지 않아 뒷걸음을 치면서 배의 전경 사진을 찍고 있는데 젊은 여자 승객 한 명이 무거운 트렁크를 끌고 내 앞을 스쳐 지나쳐 가는 모습이 배와 함께 자연스럽게 카메라 프레임 안으로 들어왔다. 그러고 보면 일본 여행자들은 남녀노소를 불문하고 배낭보다는 트렁크를 선호하는 건 같다.

영화 〈안경〉에서는 고바야시 사토미가 자기 키만큼 큰 트렁크를 힘겹게 이리저리 끌고 다녔고 다케토미지마에서 만난 마호도 빨간색 트렁크를 끌고 왔다. 나하의 고쿠사이도리를 지나치는 대부분의 일본 여행자들 역시 일렬로 트렁크를 끌고 이동했다. 혹시 무거운 배낭을 멘 내 모습이 그들에게는 이방인의 모습으로 비쳐지는 게 아닐까? 애꾸눈 나라에 가면

두눈박이가 이상하게 보이는 것처럼 난 배낭을 멘 내 모습이 왠지 어색하게 느껴지기 시작했다.

요나구니지마행 크루즈는 오전 10시 정각에 이시가키항을 출발했다. 4시간 반 정도 소요되는 시간을 선실 안에서 보낼 일은 없었지만 일단 배 안으로 들어가 보았다. 가장 먼저 눈에 들어오는 것은 선실 앞의 작은 휴게실에 붙어있는 〈닥터 고토 진료소〉의 대형포스터였다. 요시오카 히데요시(닥터 고토 역), 시바사키 코우(간호사 아야카 역), 아오이 유우(간호사 미나 역) 등 주요 등장인물의 사진이 한쪽 벽면을 가득 채우고 있었다.

선실 밖으로 나오니 배는 마침 이리오모테지마와 하토마지마 사이를 빠져나가고 있었다. 사람 일은 참 알 수 없다. 이리오모테지마의 우에하라항에서 이시가키항으로 돌아가는 배를 기다릴 때나 하토마지마 해변을 혼자 거닐고 있을 때 내가 다시 이곳을 지날 줄은 꿈에도 생각하지 못했다. 나는 두 섬에서 왔다 갔다 하던 며칠 전의 내 모습을 마치 데자뷔를 보는 것처럼 묘한 기분으로 떠올려 보았다.

날치와 바다갈매기

〈닥터 고토 진료소〉 제1화는 고토 선생이 작은 고깃배를 타고 요나구니지마로 부임해 가는 컷으로 시작되는데 이 첫 도입부에는 날치가 날아다니는 장면이 나온다. 갑판 위에서 바다를 보고 있으려니 드라마의 도입부처럼 날치가 수십 마리 바다 위를 떼를 지어 비행하는 모습이 눈에 들어왔다. 우리나라 남해 지방을 여행할 때 날치를 본 적은 있지만 이렇게 가까이서 이렇게 많은 날치떼를 보는 것은 처음이라 나는 환호성을 지르며 난간으로 다가갔다. 날치는 가슴과 배지느러미를 이용해서 수십 미터를 날아오른다고 하는데 눈앞에서 가볍게 날아오르는 모습을 목격하고도 실감이 나지 않을 정도로 날치의 점프력은 뛰어났다.

'자산어보'에 '날치(비어)는 나는 물고기이기 때문에 내장이 작아 신선도가 쉽게 떨어지지 않고 맛은 담백하다'고 쓰여 있는데 글쎄 날치회가 있기나 할까 하는 생각이 들었다. 날치 떼의 점프력에 감탄하는 것도 잠깐, 자세히 보니 날치떼들이 그냥 심심풀이로 날아다니는 것은 아니었다. 독수리 5형제를 방불케 하는 바다갈매기 4형제가 날치 떼를 바짝 뒤쫓아 왔기 때문에 날치떼들이 기를 쓰고 도망치는 중이었던 것이다.

리처드 바크의 '갈매기의 꿈'에 나오는 **'가장 높이 나는 갈매기가 가장 멀리 본다!'** 라는 감명 깊은 문구는 안중에도 없는 듯 바다갈매기 4형제는 날치떼가 가시권을 벗어나지 않을 정도로 고도를 낮게 유지하며 호시탐탐 날치떼를 쫓고 있었다. 얼핏 보기에도 튼튼한 양 날개와 뾰족한 부리가 위압감을 주기에 충분했는데 날치떼가 요모조모 미꾸라지처럼 피해 달아나는데도 한 치의 흐트러짐 없이 공격을 전개하는 모습이 일견

프로페셔널하게 보이기까지 했다.

'사자는 토끼 한 마리를 잡을 때도 최선을 다한다.'는 격언 그대로 바다갈매기들은 신중하면서도 여유 있게 날치 떼들을 추격하고 있었지만 날치떼들도 만만하지 않아서 웬만해서는 바다갈매기들의 부리나 발톱에 걸려들지 않았다. 어느새 갑판 위에는 이들의 흥미진진한 전투를 카메라에 담으려는 사람들로 가득 찼고 바다갈매기 4형제는 관중을 의식한 듯 이번에는 서로 작전까지 교환하며 날치떼를 공격해 나갔다. 이들 두 팀의 교전은 저 멀리 요나구니지마의 이리자키 등대가 보일 때까지 계속되었는데 배가 구부라항에 근접하게 되면서 전투결과는 알 길이 없게 되어 버렸다.

이시가키항을 떠나온 지 4시간 반, 크루즈는 마침내 요나구니지마의 구부라항에 도착했다.

선착장에서는 경찰차를 비롯해서 서너 대의 차량이 탑승객들을 맞아주었는데 민중의 지팡이라는 의무감 때문에 괜히 한 번 나와 본 것 같은 경찰차가 떠나고 나자 민박집에서 나온 미니 밴 두 대만 덩그러니 주차장에 남게 되었다. 요론지마와 마찬가지로 요나구니지마 역시 교통편이 원활하지 못함은 자명한 일이므로 나는 정신을 바짝 차리고 주차장으로 다가갔다. 배 위에서 부두 전경을 카메라로 찍느라 맨 나중에 내린 탓에 먼저 내린 탑승객들로 채워진 차량 한 대가 떠나고 나자 나는 별다른 선택의 여지없이 남은 한 대의 차량에 올라탈 수밖에 없었다. 그나마 마지막으로 차 뒷자리에 타는 바람에 영화 〈친구〉에서 유오성의 똘마니들이 차량 트렁크 뒤에 실려 가던 것처럼 몸이 차의 진행과 반대방향을 보고 앉게 되었다.

구부라항을 출발한 미니 밴은 요나구니지마 공항을 지나 한참을 달린 끝에 민박집이 있는 소나이항 쪽으로 들어섰다. 드라마 〈닥터 고토 진료소〉에서 익히 보아온 것처럼 길옆은 온통 낮은 풀숲뿐이었다.

20분쯤 지났을까? 우리가 탄 차는 '오지노 이에(아저씨 집)'라는 간판을 단 단층건물 앞에서 멈춰 섰다. 내리고 보니 투숙객은 나를 포함해서 일행으로 보이는 젊은 남자 두 명과 20대 초반의 젊은 여자 1명 이렇게 4명이었다. 젊은 여자의 트렁크가 눈에 익다 싶었더니 출발할 때 트렁크를 들고 내 옆을 지나던 여자 탑승객이었다. 운전했던 30대 초반쯤으로 보이는 여자주인과 조수석에 탔던 2살가량 된 꼬마를 따라 숙소로 들어섰다. 방이 2층 침대로 된 도미토리 밖에 없어서 방 하나를 남자 3명이 사용하게 되었는데 결과적으로는 나에게 카리유시(좋은 일)로 다가왔다. 나와 같이 한 침대를 사용하게 된 카즈렌이라는 이름의 젊은 남자가 내게 차량을 같이 빌려서 섬 일주를 하자고 제안해 온 것이다. 그렇지 않아도 닥터 고토 진료소가 있는 히가와 비치와 주요 관광 포인트인 아가리자키 등대까지 어떻게 갈지 난감해하던 나는 카츠 렌 상의 제안에 흔쾌히 승낙했다. 트렁크를 끌고 온 여자 투숙객은 오토바이를 빌려서 섬을 일주한다고 해서 카츠렌 상과 또 다른 투숙객인 사토시 상 그리고 나 이렇게 세 사람은 숙소에서 제공해 준 승용차를 타고 섬 관광에 나섰다.
우리는 먼저 닥터 고토 진료소로 가 보기로 합의했다.

닥터 고토 진료소

요나구니지마는 제주도를 동서로 조금 늘려놓은 형상을 한 섬인데 숙소가 있는 소나이항이 함덕쯤이라면 닥터 고토 진료소가 있는 히가와 비치는 중문 정도 되는 위치에 있었다. 닥터 고토 진료소는 드라마에서 본 그대로의 모습으로 우리를 반겨주었다. 초라할 정도로 작고 허름한 단층건물도 그대로였고 고토 선생이 타던 낡은 자전거도 입구에 그대로 세워져 있었다.
'시키나 섬 진료소' 라는 나무로 만든 간판 앞에서 우리는 먼저 기념촬영을 했다. 입구를 들어서자 수납처에 앉아있던 관리직원이 진찰권을 끊어주었는데 이를테면 300엔의 진찰권이 입장권을 대신하는 셈이었다.
환자대기실에 놓인 TV에서는 〈닥터 고토 진료소〉를 반복해서 틀어주고 있었고 벽에는 드라마에서 보던 어린이용 키 재기 판도 그대로 세워져 있었다. 오른편의 입원실로 들어서자 창밖으로 눈부시게 푸른 바다가 한눈에 들어왔다. 베드에 누워 있으면 흰 간호사복을 입은 시바사키 코우와

아오이 유우가 체온계를 들고 "주사 맞을 시간입니다!" 하고 걸어올 것만 같은 느낌이 들 정도로 진료소는 리얼리티가 잘 살아나게 꾸며져 있었다.

진찰실에는 고토 선생이 입었던 흰 의사 가운이 그대로 걸려 있어서 관람객들이 이 가운을 입고 기념촬영을 할 수 있게끔 배려를 해 놓았다. 우리는 누가 먼저랄 것도 없이 의사 가운을 입고 마치 닥터 고토가 된 양 사진촬영을 했다.

의사가 되기까지의 길고 지난한 과정은 차치하고 어릴 적에 대부분 한 번쯤은 의사를 꿈꾸었던 기억이 있을 것이다. 히포크라테스 선서를 하고 슈바이처 박사처럼 오지를 찾아 질병에 시달리는 사람들을 치료하는 의사 선생님의 모습….

〈닥터 고토 진료소〉는 바로 이 현대판 슈바이처 박사 같은 숭고한 사명감을 가진 의사를 다룬 드라마라고 할 수 있다. 숭고한 사명감이 너무 비현실적인 느낌을 준다면 적어도 그 모든 것보다 환자의 생명을 우선시하는 의사로서의 소명감이라고 보면 적절할 것 같다.

우리나라 버전으로도 제작된 바 있는 드라마 〈하얀 거탑〉이 흰 가운 속에 감추어진 의사들의 성공에 대한 야망과 의료현실을 잘 묘사했다면 〈닥터 고토 진료소〉는 현대판 슈바이처 박사 같은 숭고한 사명감이 투철한 어찌 보면 바보 같은 의사를 다룬 드라마라고 볼 수 있을 것이다.

"센 놈이 살아남는 게 아니라, 살아남는 놈이 센 놈이야!"

〈하얀 거탑〉의 명대사 중의 하나인 이 기준에서 보면 닥터 고토는 센 놈에서 탈락한, 아니 센 놈이기를 스스로 포기한 현실감각이 없는 무능한 의사에 불과할 것이다. 하지만 의사로서 누릴 수 있는 사회적 성공과 경제적 안락함보다 환자에 대한 따뜻한 시선과 의사로서의 사명감을 가진 닥터 고토 같은 의사는 드라마가 아닌 현실세계에서도 분명히 있어야 할 그리고 찾아보면 우리 주위에 무수히 있을 존재임에 분명할 것 같다.

〈닥터 고토 진료소〉는 2003년 판과 2004년의 특별판 그리고 2006년 판으로 제작되었다. 일본 드라마나 영화가 대개 만화를 원작으로 하듯이 이 드라마도 야마다 다카토시의 만화가 원작이다.
닥터 고토 역의 요시오카 히데타카는 후지TV의 〈북쪽나라에서〉라는 드라마로 이름을 알린 일본의 연기파 배우이다. 〈닥터 고토 진료소〉에서의 차분하면서도 인간적인 따스함이 잘 배어나는 연기가 내 머릿속에 각인되어서인지 예전에 보았던 영화 〈올웨이즈 3번가의 석양〉에서의 찌질한 삼류 작가 역과 동일 인물이란 사실을 알고는 경악을 한 적이 있다.
'꽝' 만 나오는 뽑기를 미끼로 동네꼬마들의 코 묻은 돈을 뺏는 불량식품 가게주인이면서도 늘 문학상 당선을 꿈꾸는 삼류 작가 역의 요시오카 히데타카가 검정 빈티지 안경을 쓴 모습은 얼핏 우리나라 탤런트

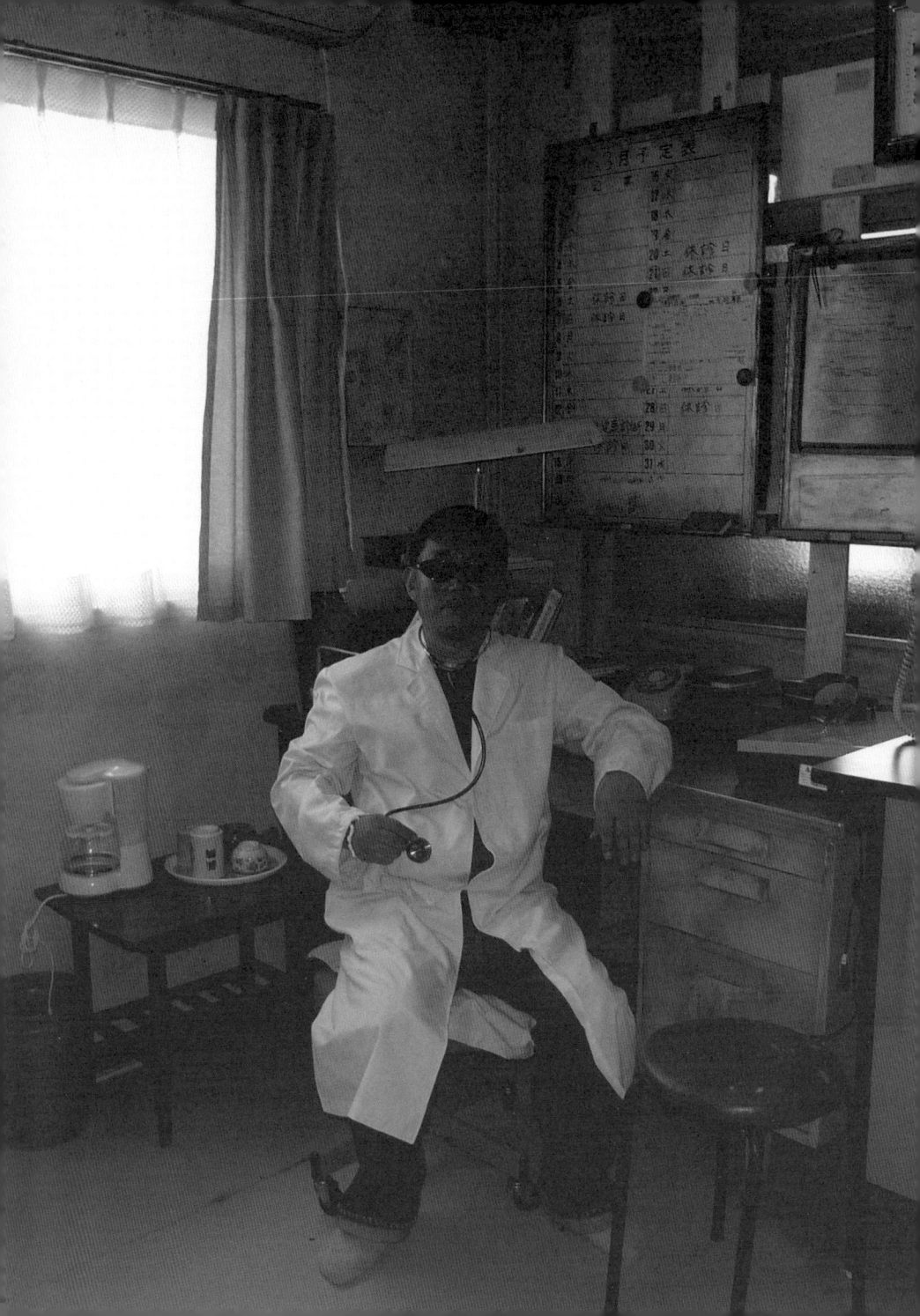

이영범과 흡사하다는 느낌을 주기도 하는데 난 아직도 〈닥터 고토 진료소〉의 닥터 고토와 〈올웨이즈 3번가의 석양〉에서의 찌질이 작가가 같은 배우라는 점이 실감이 나질 않는다.

영화 〈올웨이즈 3번가의 석양〉은 호리키타 마키가 시골에서 갓 상경한 여고생 역으로 나오는 일본의 전후 세대를 다룬 영화인데 온 동네 사람들이 새로 산 TV 앞에 모여서 역도산의 당수 촙을 보던 장면이 기억에 새롭다.

〈닥터 고토 진료소〉는 〈하얀 거탑〉이나 〈고고한 메스〉〈팀 바티스타 수술 팀의 영광〉 같은 의학드라마에 속한다기보다 휴먼 드라마로 분류하는 것이 더 적절할 것 같지만, 그래도 인간의 생명을 다루는 의사를 주인공으로 한 드라마인 만큼 긴박한 수술 장면이 매 회 나온다.

개인적으로 가장 기억에 남는 수술 장면은 2003년 시즌1의 제1화와 2006년 시즌2의 제1화에서 각각 배 위에서 이루어지는 긴박한 장면들이다. 2003년 1화에서는 아직 섬 주민들로부터 신뢰를 얻지 못한 고토가 첫 시험대에 오르게 되는 중요한 모티브가 되는 수술 장면이 나온다. 고토가 섬에 부임할 때 타고 온 작은 고기잡이배의 주인인 하라 상의 아들 다케히로가 급성맹장염에 걸리게 된다. 고토 이전에 이 섬에서 근무하던 돌팔이 의사의 판단착오로 아내를 잃은 경험이 있는 하라 상은 고토를 믿지 못하고 자신의 배로 본섬의 큰 병원에 다케히로를 데려가려고 한다. 급성 맹장염이 복막염으로 전이된 위급상황에서 고토는 배 위에서 수술하게 해달라고 하라 상에게 애원한다. 결국, 하라 상은 수술을 허락하지만 섬뜩한 말로 고토를 압박한다.

"만일 다케히로가 잘못되기라도 하면, 네놈을 잘게 썰어서 상어 밥이 되게 할 테다!"

물론 고토가 상어 밥이 되는 일은 발생하지 않을 뿐 아니라 이 수술을 계기로 마을 사람들은 닥터 고토를 신뢰하게 된다.
2006년 시즌2의 첫 화에는 고토가 아닌 간호사 아야카(시바사키 코우 분)가 하는 대리수술 장면이 나온다. 도쿄를 다녀오던 아야카는 시키나 섬으로 돌아가는 배 안에서 마을 촌장이 위급한 상황에 빠진 것을 목격하게 된다. 술에 취해 젊은 여자 탑승객에게 행패를 부리던 남자 일행을 말리려다 마을 촌장이 바닥에 넘어지게 되고 이 바람에 촌장은 심각한 후두부 손상으로 호흡곤란에 이르게 된 것이다. 절체절명의 순간 아야카는 섬에 있던 고토의 원격무선 지시를 받으며 긴급 수술을 해야 하는 상황을 맞는다. 문구용 커터 칼로 목 부분을 절개한 후 낚시용 찌를 절개 부분에 꽂아 넣고 인공호흡을 하는 위험하기 짝이 없는 수술을 아야카는 침착하게 수행하여 결국 촌장의 목숨을 살린다. 짐작했겠지만 주정꾼으로부터 희롱을 당하던 젊은 여자는 아야카 후임으로 섬에 부임하는 새 간호사 미나(아오이 유우 분)이다.

〈닥터 고토 진료소〉에는 2명의 간호사가 나온다. 2003년 시즌1은 아야카가 단독으로, 그리고 아야카의 병(유방암)으로 인해 2006년의 시즌2에는 새 간호사 미나가 합류하게 된다. 개인적으로 간호사복을 입은 아오이 유우의 청순한 모습에 반해 보게 되었지만 솔직히 드라마에서는 시바사키 코우의 연기력이나 무게감이 더 강하게 다가온다.

시바사키 코우는 〈메종 드 히미코〉나 〈달팽이 식당〉 같은 영화나 〈오렌지 데이즈〉 〈한여름의 메리크리스마스〉 등의 드라마에서 주연을 맡은, 연기력 면에서는 누구나 인정하는 배우라고 보아도 무방할 것 같다. 개인적으로는 조금 퉁해 보이는 표정이 개성 있게 보일 때도 있고 눈에 거슬릴 때도 있는 그런 연기자이다. 순진하면서도 모든 일에 서툴기 짝이 없는 새 간호사 미나 역의 아오이 유우는 현재 일본을 대표하는 여배우 중의 한 명이라는데 별다른 이견이 없을 것이다. 긴 생머리와 깨끗한 이목구비로 인해 청순함의 대명사로 자리 잡았다. 우리나라에서도 이와이 슈운지 감독의 〈하나와 앨리스〉로 삽시간에 모든 남자의 로망으로 떠올랐지만 이후 〈남자들의 야마토〉 같은 극우영화에 출연함으로써 '유우익'으로 불릴 정도로 비난을 받고 있기도 하다.

〈닥터 고토 진료소〉에는 이들 주연급 말고도 드라마에 잔재미를 불어넣어 주는 연기파 조연들이 꽤 많이 나온다. 아야카의 아버지로 나오는 시키나 섬 사무소 과장역의 호시노는 드라마 〈심야식당〉의 신비스러운 마스터 역으로 인상 깊은 연기를 펼쳤던 중견배우 고바야시 카오루이다.

카페 여주인 마리코 역은 영화 〈진짜로 일어날지 몰라, 기적〉에 나오는 오츠카 네네가 맡았고, 괴팍스런 어부 하라 역은 영화 〈해피 플라이트〉에서 기장으로 나오는 도키토 사부로가 맡아 강하고 선 굵은 연기를 보여준다. 영화 〈안경〉에서 하마다 민박집 주인인 유지 상으로 나오는 미츠이시 켄도 게스트출연자로 나온다.

아가리자키 등대와 이리자키 등대

우리는 닥터 고토 진료소 수납처에서 얻은 요나구니지마 지도를 보며 다음 행선지를 고르기 위해 머리를 맞댔다. 지도에는 요나구니지마 섬 전체는 물론 드라마에 나오는 로케 장소가 일본 특유의 꼼꼼함으로 깨알같이 잘 표시되어 있었다. 드라마에서는 요나구니지마가 시키나 섬으로 이름을 바꾸어 나오는데 원래의 지명인 요나구니지마 면사무소 옆에 빨간색 네모를 쳐서 영화 속 장소인 시키나 촌 사무소를 함께 적어 주는 식이었다. 심지어는 '닥터 고토가 언덕에서 굴러서 다친 장소' '아야카가 석양 무렵 사탕 엿을 먹으며 걷던 길'도 지도에 표시되어 있을 정도다. 우리는 일단 동쪽에 있는 아가리자키 등대까지 갔다가 다시 이리자키 등대로 가서 석양을 보기로 의견을 모았다. 닥터 고토 진료소가 있는 히가와 해변에서 아가리자키 등대까지 가는 해안은 입신 암과 군함 암 등의 기암들이 에메랄드 빛 바다를 배경으로 우뚝우뚝 솟아 있어서

말 그대로 장관을 이루고 있었다. 야트막한 언덕 위에 세워진 하얀 등대였는데 주변은 제주도 이시돌 목장을 연상케 할 정도로 푸른 잔디가 널따랗게 깔린 초원이었다. 푸른 언덕에는 수십 마리의 소와 말들이 풀을 뜯고 있었는데 마치 그림엽서에서나 볼 법한 기막힌 풍광이 우리를 들뜨게 했다. 차를 텅 빈 주차장에 세워놓은 다음 우리는 하얀 등대를 배경으로 한 컷, 투명하리만치 맑고 푸른 바다를 배경으로 한 컷 사진을 찍으며 마치 봄 소풍을 간 초등학생들처럼 신명나게 뛰어다녔다. 해가 서서히 바다로 내려앉을 즈음 우리는 낙조를 보기 위해 다시 왔던 길을 거꾸로 달려 이리자키 등대 쪽으로 향했다. 등대로 올라가는 작은 공원에는 커다란 청새치 동상이 서 있었는데 매년 7월에 이 요나구니지마에서 열리는 국제 청새치 낚시대회와 연관이 있어 보였다. 요나구니지마와 대만 사이에는 '흑조'라는 해역이 있는데 요나구니지마에서 배를 타고 1시간 정도면 도착하는 이 해역에 청새치가 많이 서식하고 있다고 한다. 헤밍웨이의 소설 '노인과 바다'에서 산티아고 영감이 잡은 물고기가 바로 이 청새치였던 걸로 기억하는데, 큰놈은 3m가 넘는다는 이 거대한 물고기를 낚시로 잡는다는 것은 모든 낚시꾼의 꿈이 아닐까.

몇 년 전 오키나와를 처음 방문했을 때 배를 타고 바다낚시를 나간 적이 있다. 본섬에서 불과 20분 정도 배를 타고 나갔는데도 낚싯대를 들자마자 어른 팔뚝만한 물고기들이 연달아 올라왔는데 문제는 이 녀석들의 힘이 엄청나서 3마리 정도 낚아 올리고 나니 온몸에 마비증상이 와서 더 이상 낚을 수가 없었다는 점이다. 30cm도 버거운데 3m짜리의 힘은 어떠할까? 아마도 산티아고 영감 정도의 베테랑이 와야 겨우 잡을 수 있을 것 같았다.

등대가 보이는 전망대로 올라가 보았다. 날씨가 좋은 날에는 이 전망대에서 대만이 보인다고 하는데 전망대 앞에는 '일본 최서단의 섬'이라는 푯말이 세워져 있었다. 그러고 보면 일본사람들은 유달리 '최'라는 단어를 좋아하는 것 같다. 섬마다 푯말을 세워 놓는 것은 물론 홍보 팸플릿에도 이 '최'자를 관광 포인트로 내세우고 있다. 예를 들어 이시가키지마의 히라구보 등대에 세워진 이시가키지마 최북단이라든지 하테루지마 일본 최남단의 섬 푯말 등이 그것이다.

전망대 오른편으로는 우리가 크루즈 선을 타고 들어왔던 구부라항의 전경이 그림처럼 눈앞에 펼쳐졌다. 〈닥터 고토 진료소〉의 첫 도입부에도 고토 선생이 탄 작은 고깃배가 항구로 들어서는 장면이 나오는데 아마도 이 전망대 어디쯤에서 부감으로 촬영한 것이 분명할 것이다.

날이 어둑어둑해 질 무렵 우리는 카츠렌 상이 운전하는 차를 타고 다시 소나이항에 있는 숙소로 돌아왔다.

세상의 끝에서

요나구니지마는 크루즈 선이 들어오는 구부라항과 역장(우리나라의 면사무소 같은 행정단위)이 있는 소나이항을 중심으로 마을이 형성되어 있다. '우체국을 제외하고는 은행이나 ATM, 대형 마트 같은 편의시설은 없다.' 라고 가이드북에 나와 있었으므로 이시가키지마에서 어느 정도 현금을 인출해 오기는 했지만 마을을 이리저리 둘러봐도 저녁을 먹을 수 있는 식당은커녕 라면집이나 소바집 하나 눈에 띄지 않았다. 작은 편의점에서 도시락이라도 사서 먹을 요량으로 숙소를 나서는데 뒤에서 카츠렌 상이 나를 불러 세웠다. 사토시 상과 저녁을 먹으러 가는 길인데 별일 없으면 같이 가자고 했다. 두 사람을 따라 큰길로 나와서 한참을 걸어가니 '식사처 이소'라는 간판이 붙은 제법 번듯한 식당이 나타났다. 식사처 이소는 카츠렌 상의 지인이 운영하는 소나이항에서는 거의 유일하다고도 볼 수 있는 제대로 된 식당이었다. 일본어로 복잡하게 쓰인 메뉴 판이라 뭘 시킬지 고민하고 있는데 카츠렌 상의 지인인 식당주인이 요리사 복장으로 우리 일행에게 다가왔다. 카츠렌 상이 한국에서 귀한 손님이 왔으니 이 집에서 제일 잘하는 메뉴를 추천해 달라고 하자 주인이 이것저것 잘 알아듣기 어려운 말로 설명을 한 다음 주문을 받았고 이윽고 주문한 음식들이 차례차례 나왔다. 식당주인이 다시 아와모리(일본 소주) 병을 들고 우리 일행에게 다가와서는 차례로 술을 따라주었는데 요나구니지마의 특산품인 화주로 60도가 넘는 독한 술이었다. 이 화주는 무슨 꽃으로 만든 술일까? 우리나라에서는 주로 국화와 아카시아로 꽃술을 만드는데 남쪽 나라인 요나구니지마에 국화나 아카시아는 없을 것 같고 혹시 하이비스커스로 만드는 것은 아닐까? 요나구니지마에는 세계에서 가장 큰 나비인 요나구니상이 서식하고 있다는데 이 세계 최대의 나비는 어떤 꽃에 날아 앉아 꿀을 빨아 먹는 것일까?
내 앞에 놓인 화주 병을 요모조모 뜯어보며 나는 평생에 다시 올 기회는 거의 없을 것 같은 요나구니지마에서의 아쉬운 밤을 이런저런 화접몽(꽃과 나비의 꿈)으로 지샜다.

**"꽃이 나비에게 말했다 꿈만 같다고
하지만 나비는 꽃에게 말하지 못했다
그건 정말 꿈이었다고……."**

- '화접몽' / 오지총 중에서

아침에 자리에서 일어나보니 카츠렌 상과 사토시 상은 어젯밤에 마신 꽃술 탓인지 정신없이 곯아떨어져 있다. 난 숙소를 빠져나와 소나이항 쪽으로 아침 산책 코스를 잡았다. 마을은 다른 섬들에 비해 그다지 큰 특징은 보이지 않았다. 항구 옆에 서 있는 붉고 푸른색의 빛바랜 건물들이 마치 다른 세상에 온 것 같은 기묘한 느낌을 주는 정도였다.
작은 고깃배들이 정박해 있는 항구를 지나자 작은 다리가 하나 나타났다. 다리 밑으로는 파란 물감을 풀어놓은 것 같은 쪽빛 바다가 아침 햇살을 받아 더욱 깊은 색으로 물들어 있었고 밑으로 내려갈 수 있게 길이

 日本最西端の島
与那国

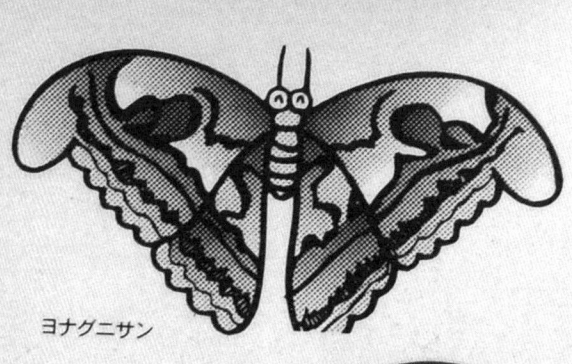

ヨナグニサン

Japan's Westernmost Island
YONAGUNI

Japan's Westernm
YONAG

나 있는 작은 샛길에는 패랭이꽃이나 채송화를 닮은 이름 모를 작은 꽃들이 온통 피어 있었다.

다리를 건너 해안 쪽으로 다가가 보았다. 이 바다 저 끝에는 중국과의 영토분쟁으로 시끄러운 센카쿠 열도가 자리하고 있을 터였다. 영토분쟁과는 아랑곳없이 남국의 바다는 눈부시게 아름다웠고 저 멀리 접안공사도 하는지 커다란 크레인을 매단 바지선이 눈에 들어왔다. 푸른 바다 위에 떠 있는 크레인은 마치 돈키호테에 나오는 풍차 같다는 비현실적인 느낌마저 들었다. 저 풍차를 향해 돈키호테처럼 돌진하다 보면 영화 〈캐리비안의 해적〉에 나오는 세상의 끝처럼 바다가 끝나는 낭떠러지 아래로 배가 떨어질 것만 같았다.

나는 블랙펄호를 타고 플라잉 더치맨호를 찾아 바다로 나선 잭 스패로우처럼 먼 바다를 자못 의심스러운 눈빛으로 노려보았다.

은룡의 등을 타고

올 때와 마찬가지로 민박집 여주인이 투숙객들을 미니 밴으로 구부라항까지 배웅해 주기로 했다. 이시가키항에서 배를 탈 때 내 카메라에 찍힌 마나카라는 젊은 여성이 이곳에서 며칠을 더 묵고 간다고 하는 바람에 나는 이번에는 제대로 된 자리에 앉아 갈 수 있었다. 운전석 옆자리에는 여주인의 두 살배기 딸이 앉았는데 바로 뒤에 앉은 내가 안전벨트를 매어주며 엄마에게 딸의 이름을 물어보았다.

시온, 일본식 한자로는 '시음'이 되는 셈이다. '시 소리'를 뜻하는 한자 의미는 물론 구르몽의 시 '시몬, 너는 좋으냐? 낙엽 밟는 소리가'를 연상케 하는 음운이 예뻐서 "시온! 시온"하고 소리 내어 이름을 불러 보았다. 이것이 나름 지대한 영향을 미쳤는지 시온은 우리 일행과 헤어질 때 카츠렌 상과 사토시 상을 제치고 내 품에 안겨주어서 나를 기쁘게 했다.

이시가키지마 행 크루즈 선이 천천히 구부라항을 빠져나가고 있었다. 어제 올라갔던 이리자키 등대 앞을 지나자 배는 곧바로 몸을 추스르며 탁 트인 바다를 향해 서서히 속도를 높여 나갔다. 드라마로 인해 이 세상의 끝 같은 섬에 오게 되었지만 이곳에서도 사람들의 인연은 맺어지고 또 헤어지고 하는 것이 새삼 신기하다는 생각이 들었다. 드라마 속에서 닥터 고토가 낯선 이 섬에 와서 섬사람들과 소중한 인연을 맺어갔듯이, 나도 이곳에서 귀한 만남을 한 셈이었다.

드라마를 볼 때는 '닥터 고토 진료소'라는 제목과 '은룡의 등을 타고'라는 주제가가 썩 잘 어울리지 않는다고 느꼈는데 지금 생각해보니 세상의 끝과 같은 절망을 딛고 희망을 노래한다는 점에서 매우 잘 어울리는 것 같았다. 나는 배 난간에 기대어 서서 드라마 주제가인 '은룡의 등을 타고'를 휘파람으로 불어보았다.

"저 창백한 바다 저편에
지금 누군가가 부서지고 있어
아직 날지 못하는 병아리들처럼
나는 내 이 무력함을 한탄하고 있어
서둘러 슬픔이여 날개로 바뀌어라
서둘러 흉터여 나침반이 되어라
아직 날지 못하는 병아리들처럼
나는 내 이 무력함을 한탄하고 있어

꿈이 마중 와 줄 때까지
떨며 기다리고 있을 뿐이었던 어제
내일 난 용의 발 아래로 절벽을 올라
부를 거야 '자, 가자!' 라고

은룡의 등에 올라 전하러 가자
생명의 사막을 향해
은룡의 등에 올라 운반하러 가자
비구름의 소용돌이를

- '은룡의 등을 타고' / 나카시마 미유키

일곱째 날: 다시, 오키나와

"아이를 낳게 되면 도쿄생활을 정리하고 오키나와로 가서 안정된 자연 속에서 아이를 키우고 싶습니다"

- 오구리 슈운과의 결혼발표 인터뷰 중에서/ 야마다 유

이도 여행을 마치고 나는 다시 오키나와로 돌아왔다. 숙소는 뉴 파라다이스 로드 초입에 있는 산쿄우 비즈니스호텔로 잡았는데 발품을 판 덕분인지 제법 넓고 욕실이 딸린 방임에도 1박당 2,000엔대 초반에 묵을 수 있었다. 무엇보다도 숙소가 고쿠사이도리의 메인 로드에서 불과 2~3분 거리에 있어서 시장 본통길이나 모노레일 역인 미에바시역이 엎어지면 코 닿을 거리에 있다는 점이 마음에 들었다.

이시가키지마에서 출발하는 첫 비행기로 나하공항에 도착했기 때문에 여정의 마지막 날 하루는 온전히 내 앞에 자유로운 상태로 놓여 있었다.

오키나와에서의 첫째 날은 주로 고쿠사이도리 주변을 산책하면서 보냈기에 마지막 날은 조금 경계선를 넓혀보기로 마음먹었다. 요모조모 고심한 끝에 **토마리항과 류큐 대학** 그리고 **슈리 성**을 주요 동선으로 한 일정을 짰다.

토마리항은 구메지마 등 오키나와 본 섬 주변의 이도들을 가보지 못한 아쉬움 때문에 배가 출발하는 부두라도 둘러보고자 일단 오전코스로 잡았다. 류큐 대학 일정은 순전히 즉흥적으로 이루어졌는데 고쿠사이도리를 지나다가 우연히 98번 류대 행 버스가 지나가는 것을 보고 갑자기 류큐 대학 캠퍼스를 한 번 보고 싶다는 생각에 오후 일정에 집어넣었다. 영화 〈눈물이 주룩주룩〉에 이 류대 캠퍼스가 나오던 기억을 떠올린 것도 물론 한몫을 했을 터였다. 원래 관광지 탐방을 별로 선호하지 않는 까닭에 슈리 성을 넣을까 말까 고민했지만 마침 류큐 대학에서 고쿠사이도리로 돌아오는 동선 안에 슈리 성이 있었기 때문에 마지막 일정에 넣기로 했다.

토마리항

나하시 북쪽에 있는 토마리항은 오키나와 본섬 주변에 있는 이도로 가는 배들이 닿는 항구이다. 가고시마 오사카 등 일본본토에서 오는 크루즈 선이 나하 신항으로 들어오는 반면, 구메지마, 토나키지마,

아구니지마 등 주로 오키나와 서쪽에 위치한 부속 섬을 오가는 배들은 모두 이 토마리항에 정박한다. 시간이 허락했더라면 부속 섬들도 가보고 싶었지만 토마리항을 둘러보고 오는 것으로 아쉬움을 달래기로 했다. 마침 숙소에서 도보로 약 20분 정도밖에 걸리지 않는 거리였으므로 늦은 아침 산책 겸 가벼운 마음으로 다녀올 수 있었다.

숙소를 나와 오키에이 거리 쪽으로 5분가량 걸어 올라가니 모노레일 역인 미에바시역이 나왔다. 지도에는 여기서 다시 직진한 다음 마에지마 사거리에서 우측으로 꺾어지면 토마리항 터미널 건물이 나오는 걸로 되어 있었지만 일단 위치를 가늠한 만큼 굳이 서둘러 갈 일은 없었다. 여기서부터 앞바다까지는 작은 수로가 연결되어 있었는데 나는 이 수로를 따라 해안 쪽으로 좀 더 접근해 보기로 했다.

고쿠사이도리에서 불과 15분 정도 떨어진 위치였음에도 부둣가 특유의 비릿하면서도 왠지 모를 거친 기운이 코끝에 와 닿았다. 항구 근처라 그런지 골목골목에는 고만고만한 민박집들이 몰려 있었다. 집집이 나붙은 간판 중에서 '**빈방 있음, 월 3만 엔**'이라는 문구가 내 눈길을 확하고 사로잡았다. 워낙 방값이 비싼 오키나와라 하루에 1천 엔이라는 저렴한 숙박비를 접하다 보니 왠지 저 집에서 머물면 크게 이익이 날 것 같은 생각마저 들었다.

"사람들은 이런 심리 때문에 낱개로 사면 될 물건들을 벌크로 사는 것일 테지?"

이제 점점 부두가 가까이 다가오는 것이 눈으로 느껴져 왔다. 소금기가 밴 질퍽한 길을 가로질러 수레 가득 해산물을 싣고 지나가는 장화 신은 어부, 잠든 아이를 둘러업고 바삐 배를 타러 가는 엄마, 섬에 있는 외가에라도 가는지 예쁜 옷으로 차려입고 신이 나서 뛰어가는 여자아이들….

토마리항은 생각보다 꽤 큰 부두였다. 승객터미널 건물은 주상복합 건물처럼 높았고 터미널 내부에는 매표소는 물론 기념품 가게나 식당 카페들이 빼곡 들어차 있었다. 나하신항의 휑한 느낌과는 대조될 정도로 터미널 내부는 오가는 사람들로 꽤 북적댔다. 각 섬으로 가는 매표소 카운터 앞에는 보기만 해도 마구 달려가서 티켓을 끊고 싶을 정도로 예쁜 포스터들이 나붙어 있었고 꼼꼼하게 잘 만들어진 홍보 팸플릿들이 "우리 섬으로 어서 오세요!" 하고 유혹의 눈길을 보내고 있었다.

자마미지마, 토나키지마, 케라마지마, 아구니지마

자마미지마는 흑동고래를 볼 수 있는 섬으로 유명한데 섬의 홍보 팸플릿에는 "흑동고래를 볼 수 있는 확률 95%!"라고 적혀 있었다. 토나키지마는 영화 〈눈물이 주룩주룩〉에서 요타루와 카오루 남매가 오키나와 본섬으로 건너오기 전에 살던 섬이다. 영화 마지막 장면에서 요타루의 유골을 바다에 뿌린 후 할머니가 카오루에게 "이 섬 저 먼 남쪽에는 좋아했던 모든 사람들이 다 모여 있으니 너무 슬퍼하지 말아라!" 할 때 나오는 '이 섬'이 바로 토나키지마인 셈이다.

케라마지마는 세계적인 다이빙 포인트로 유명한 곳이다. 아구니지마는 오키나와 출신인 나카에 유지 감독이 〈할머니의 사랑〉을 촬영했던 곳이기도 하다.

터미널 건물의 1층 출구를 통해 선착장 쪽으로 나가 보니 테이블에 앉아서 드나드는 배들을 볼 수 있는 작은 카페가 하나 눈에 들어왔다. 나무 테이블에 앉아 아이스크림을 먹고 있자니 때마침 저 멀리서 구메지마에서 들어오는 크루즈 선이 흰 선체를 드러낸 채 항구로 진입하고 있었다.

구메지마(구미도)는 토마리항에서 배로 약 4시간 정도 걸리는, 오키나와 주변에 있는 이도 치고는 꽤 큰 섬이다. 인구가 약 9,000명 정도니까 면적이 4배가량 큰 이리오모테지마의 2,500명에 비하면 인구밀도도 제법 높다고 할 수 있다. 무엇보다도 관심을 끄는 것은 홍길동의 유적이 남아 있다는 점이다. 섬의 북쪽에 있는 우에구스쿠(우강성)은 홍길동의 장남이 그리고 '나카구스쿠(중성)'은 차남이 세웠다는 기록이 전해져 내려오고 있다. 물론 역사적 가설에 불과할 수도 있으나 분명 홍길동의 후예들과 연관이 있는 섬이라는 생각이 든다.

홍길동은 연산군 6년인 1500년에 일족을 이끌고 류큐 왕국이 있는

남쪽으로 가서 율도국을 세운다. 맨 처음 홍길동 일행이 도착한 곳은 지금의 야에야마 제도에 속하는 하테루지마였는데, 이후 이시가키지마, 이리오모테지마, 요나구니지마까지 진출해 나간다. 1504년 무렵에는 미야고지마의 추장인 나카소네를 전투에서 물리치고 세력을 더욱 확장하게 되고, 1년 후에는 구메지마까지 점령해서 조선 양식의 성인 우에구스쿠와 나카구스쿠를 구축하기에 이른다.

홍길동 일족이 조선양식의 성을 세운 구메지마 바로 옆의 섬 이름이 아구니지마(율국도)인 점도 이 가설에 신뢰성을 더해 주는 부분이다. 아무튼 이 구메지마나 아구니지마를 비롯한 옛 류큐 왕국의 섬들이 홍길동이 꿈꾸던 유토피아인 율도국과 어떤 역사적 연관이 있는지는 앞으로 젊고 열정적인 역사학자들이 좀 더 많은 관심을 두고 밝혀 나가야 할 대목이 아닐까 싶다.

류큐 대학

영화 〈눈물이 주룩주룩〉을 보면 류큐 대학을 배경으로 한 장면이 몇 차례 나온다. 주인공 요타루(츠마부키 사토시 분)의 여자친구인 케이코(아소 구미코 분)가 류큐 대학 부속병원의 레지던트인 탓으로 병원 건물이 배경이 되기도 하고 또 카오루(나가사와 마사미 분)가 류큐 대학 문학부

합격자 명단에 있는 것을 요타루가 확인하고 기뻐하는 장면도 나온다.
류큐 대학을 가기 위해 나하 현청 앞에서 98번 시외버스를 탔다. 오키나와의 버스요금 체계는 조금 특이한데 버스에 올라타면 우선 정리권이라는 작은 티켓을 발급받는다. 나하 현청 앞의 정리권 번호는 1번인데 버스 정류장을 하나씩 지날 때마다 버스요금이 차례대로 올라간다. 버스요금은 기사 옆의 왼쪽 앞부분(일본은 운전석이 오른편에 있으므로)에 표시되는데 처음 탈 때 160엔이던 요금이 종점인 류큐 대학 앞에 도착하면 590엔으로 표시되는 식이다. 내릴 때는 정리권과 함께 동전을 요금통에 집어넣어야 한다.
어디서나 연계되는 우리나라의 편리한 교통카드 시스템에 익숙한 탓인지 이 정리권 제도가 많이 불편하게 느껴지기도 했지만 버스 정류장을 한군데씩 지날 때마다 앞 패널에 요금이 표시되는 게 신기하기도 하고 또 한국에서는 느껴보지 못했던 긴장감(요금이 얼마 나올지 몰라서 동전을 세었다 말았다 해야 하니까)을 만끽한다는 점에서 재미있기도 했다. 그러고 보면 우리나라의 교통 인프라는 아마도 세계 최고수준이라고 해도 과언이 아닐 것이다.
도쿄에 갈 때면 '가마쿠라'라는 오래된 도시를 즐겨 찾곤 하는데 갈 때마다 환승 노선이 헷갈려서 한참을 헤매고는 한다. 더구나 요금이 환승 연계가 안 되는 경우도 많았다. 한국에 있을 때는 물처럼 공기처럼 의식을 못하다가 외국을 나가보면 우리나라의 인프라들이 얼마나 뛰어난지를 새삼 깨닫곤 한다.

류큐 대학은 약 130만 제곱미터에 이르는 넓은 캠퍼스를 가지고 있다. 입구는 3개가 있는데 나는 버스 종점이 있는 북쪽 입구에서부터 캠퍼스 탐방을 시작했다. 북구로 들어서면 오른편으로는 공학부가 그리고 왼편으로는 농학부가 자리 잡고 있다.
〈호텔 하이비스커스〉와 〈할머니의 사랑〉을 연출한 나카에 유지 감독이 바로 이 류큐 대학 농학부 출신인데, 그러고 보면 데뷔작이 〈파인애플 투어〉인 점도 결코 우연은 아닌 것 같다.
공학부 건물 옆 학생회관 1층으로 들어서니 넓은 유리창 때문에 탁 트인 느낌이 드는 구내식당이 눈에 들어왔다. 토마리항을 둘러본 다음 류큐 대학으로 바로 오느라 점심을 거른 채라 슬슬 배가 고파왔기 때문에 겸사겸사 모처럼 대학 구내식당 밥을 먹어보기로 했다.
점심시간이 지난 탓인지 식당 안에는 학생들이 그리 많지 않았기 때문에 나는 식단을 골라 전망이 좋은 창가 쪽 테이블에 앉을 수 있었다. 대학 구내식당의 음식이 으레 그러하듯 그리 맛이 뛰어난 편은 아니었지만 오래전 대학 시절을 회상하며 나는 음식을 남김없이 먹어 치웠다.
식당을 나와 조금 더 걸어 내려가니 꽤 넓은 호수가 눈앞에 나타났고 호수 위에 '구양교'라는 구름다리가 걸려 있었다. 아열대 지역답게 호수주변은 울창한 숲으로 둘러싸여 있었고 얕은 호숫가를 흰 백로 한 마리가 한가로이 거닐고 있는 모습도 눈에 들어왔다. 다리를 건너 대학본부 동쪽으로 걸어가는데 앞에서 오던 학생 한 명이 정중하게 인사를 했다. 아마도 나와 비슷하게 생긴 교수라도 있는 모양이었다. 내가 당황하면 오히려 인사를 한 학생이 민망할까 봐 짐짓 대학교수인 양 고개만 까닥하며 인사를 받았다. 혹시라도 "교수님! 제 학점을 왜 C를 주셨나요?" 하고 따라올까 봐 나는 꽁무니를 빼며 황급히 그 자리를 벗어났다.

막 새 학기를 시작한 것치고는 꽤나 한적하던 캠퍼스는 대학회관 쪽으로 오자 아연 활기가 흘러넘쳤다. 아직 고등학생티를 벗어나지 못한 여드름투성이의 남학생들과 풋풋하기 이를 데 없는 신입여학생들이 저마다 희망에 부푼 모습으로 총총 지나갔다.

중앙식당 건물로 들어서니 조금 전 식사를 했던 공대 구내식당보다 훨씬 더 큰 식당이 나타났다. 규모나 메뉴는 둘째 치고 시커먼 남학생들만 있던 공대 식당에 비해 꽃 같은 여학생들이 온통 테이블을 차지하고 있는 중앙식당의 모습이 나를 후회막급으로 만들었다.

"조금만 참았다가 이곳 중앙식당에서 점심을 먹을 걸…. 요즘 왜 이렇게 예지력이 부족할까?"

식당을 나와 2층 생협으로 올라가니 한창 신입생들을 위한 프로모션이 진행되고 있었다. 남녀 학생들의 정장 교복과 구두가 산뜻한 모습으로 전시되어 있었고 주위 벽은 온통 캠퍼스 주변의 부동산정보로 뒤덮여 있었다. 부모님과 함께 온 신입생들이 머리를 맞대고 자신에게 적당한 방을 고르고 있는 모습을 보니 악마에게 영혼을 팔아서라도 다시 한 번 대학신입생이 되어 보았으면 좋겠단 생각마저 들었다. 우리로 치면 구내매점 격인 생협 안에는 대학 기념품을 파는 문구점과 서점 등이 자리하고 있었는데 나는 류큐대학 로고가 새겨진 티셔츠를 하나 산 다음 건물을 빠져나왔다.

도서관을 지나치는데 재미있는 표지판이 눈에 들어왔다. "DANGER!"라는 문구 밑으로 여학생이 뱀을 보고 놀라는 그림이었는데 아까 지나쳐 온 무성한 아열대림을 생각하니 웃을 일만은 아님이 분명했다. 도서관 옆에서부터 교육학부 건물까지는 온통 노란 꽃나무가 늘어선 긴 가로수 길이 이어져 있었는데 남국의 파란 하늘과 샛노란 꽃망울이 어울려 눈을 시리게 할 정도였다. 남쪽 출입구인 남구를 통해 나는 류큐 대학의 메인 캠퍼스인 치하라 캠퍼스를 빠져나왔다. 대학병원이 있는 우에하라 캠퍼스는 메인 캠퍼스와 큰길을 사이에 두고 왼편에 따로 있었기 때문에 난 큰길을 지나 한참을 걸은 끝에 대학병원 앞 버스정류장에서 다시 고쿠사이도리로 돌아가는 회귀 버스를 탔다.

슈리성

모노레일 역인 기보역 근처에서 버스를 내린 다음 다시 모노레일을 타고

한 정거장 거리인 슈리역까지 갔다. 역에서부터 슈리 성 공원까지는 셔틀버스를 타지 않고 도보로 이동해도 충분할 만큼 그리 멀지 않았다.

슈리 성 공원 관람의 일반적인 코스는 먼저 앞문인 슈레이몬을 지나 다시 칸카이몬과 로코쿠몬을 거쳐 돌계단을 타고 올라가서 슈리 성의 정문인 호신몬을 통해 정전에 이르는 루트이다. 대략 1시간 남짓이면 둘러볼 수 있는데 공원 관리소에는 한국어 안내 팸플릿도 비치되어 있다.

슈리 성은 류큐 왕국이 세워진 제1 쇼우 씨 시대에 만들어졌다. 이후 1660년 사츠마 번(현재의 가고시마 지역을 지배하던 세력)의 침략을 받아 첫 번째로 성이 소실된 이후 1945년 태평양 전쟁 때의 오키나와 전투로 인한 소실까지, 모두 세 번 소실되기도 한 어찌 보면 비운의 성이라고도 할 수 있을 정도로 역사의 아픔을 간직한 곳이다. 1992년에 다시 복원되었지만 아직도 가끔은 보수공사가 진행되기도 한다.

호신몬부터는 유료구역인데 연중무휴이고 입장료는 800엔이다. 입장료를 내고 호신몬을 통해 본 성 안으로 발을 내디디면 정면으로 3층 높이의 붉은 기와를 머리에 인 화려한 모습의 정전이 눈에 들어온다. 약 57,900장의 붉은 기와가 덮인 지붕 양 끝에는 황금색의 용 두 마리가 서로 마주 보고 있고, 곡선형의 정면 벽에도 역시 커다란 용 한 마리가 입을 크게 벌린 채 위압스러운 표정으로 눈을 부라리며 내려다보고 있다. 정전 안으로 들어가면 먼저 붉은색과 황금색을 조화시킨 화려한 장식물이 관람객들의 눈길을 사로잡는다.

정전에서 가장 화려한 곳은 '우사스카' 라고 하는 이를테면 옥좌가 있는 구역이다. 옥좌 위로는 **'중산세토 편서구양 영조영유'** 라는 편액들이 나란히 걸려 있는데, 이 이름들은 모두 청나라 황제로부터 하사받은 글이라고 한다. 정전 내부는 수십 개의 붉은 나무기둥들이 주조를 이루고 있는데, 다소 어둑한 공간과 절묘하게 어우러져 보는 사람들을 압도한다. 가끔 전통의상과 하쿠(관리들이 쓰던 의식용 모자)를 착용한 관리 직원들이 미닫이문을 열어 햇빛을 받기도 하는데 눈부신 햇살이 붉은 기둥을 비출 때면 그 찬란함이 눈을 아프게 할 정도이다.

정전을 나오면 다시 북전으로 길이 이어지는데, 이쯤에서 정전을 밑에서 올려다보면 붉고 흰 지붕과 푸른 하늘이 잘 조화되어 우리나라의 창덕궁이나 중국의 자금성과는 또 다른 느낌을 준다. 북전은 현재 전시코너나 기념품 가게 등이 들어 있는데 한쪽 면에는 정전의 모형 패널이 커다랗게 붙어있다. 패널은 Q&A 형식으로 꾸며져 있는데 이를테면 정전에 붙어있는 나무판을 열면 정전에 대한 문답식 정보가 적힌 답안을 볼 수 있는 식이다.

북전을 나와 우에키몬으로 빠져나오면 야트막한 내리막길이 나오는데, 길을 따라 붉은 하이비스커스와 소철 등이 잘 조경되어 있어서 이국적인 남국의 성곽 모습을 잘 감상할 수 있다. 여기서 출구인 큐케이몬을 나서면 이제 슈리 성 관람은 끝이 난다.

슈리 성 공원을 나와서 조금만 걸어가면 모노레일 슈리역까지 가는

셔틀버스 정류장이 나오는데 약 20분 간격인 셔틀버스를 타지 않고 슬슬 걸어서 슈리역으로 이동한 다음 고쿠사이도리로 귀환했다.

오키나와의 사랑

산쿄우 호텔에 돌아와서 잠시 휴식을 취하면서 TV를 틀었다. TV는 온통 오구리 슌과 야마다 유의 결혼소식으로 도배되고 있었는데 수다스러운 리포터들이 입에 거품을 물고 야마다 유가 오구리 슌으로부터 받은 반지가 무려 천만 엔이 넘는다는 시시콜콜한 뉴스들을 전하고 있었다.
〈꽃보다 남자〉에서 루이 역(우리나라에서는 김현중이 맡은 지후 선배 역)을 맡았던 일본의 톱스타 오구리 슌과 톱 모델인 야마다 유의 결혼이라 일본 전체가 떠들썩할 만도 했다. TV에서는 행복에 겨운 야마다 유의 인터뷰가 이어지고 있었는데, 꽤 인상적인 발언이 심드렁하게 보고 있던 내 귀를 쫑긋하게 만들었다.

"아이를 낳게 되면 도쿄생활을 정리하고 오키나와로 가서 안정된 자연 속에서 아이를 키우고 싶습니다."

후쿠시마 원전사고 이후 일본 본토 사람들이 비교적 안전한 오키나와로 이주를 계획한다는 보도를 접한 적이 있지만 톱스타 입에서 오키나와 이주를 꿈꾼다는 얘기를 들으니 일본 본토의 심각한 상황이 조금 더 실감이 났다.

요론지마에 갔을 때도 '은퇴 후 이주상담'이라는 홍보 팸플릿을 본 적이 있는데, 따뜻하고 안전한 남쪽 섬에서 여생을 보내고 싶은 욕구는 사람이면 누구나 다 가지고 있을 법하다. 그러고 보니 오키나와에서는 나이 든 노년의 부부가 다정하게 손을 잡고 다니는 모습이 꽤 많이 눈에 띄는 것 같았다. 노년에 들어 사랑하는 사람과 따뜻한 남쪽 나라에서 산다는 것은 참으로 축복받은 여생이 될 수 있을 것이다. 오키나와는 젊은 연인들이 사랑을 꽃피우기도 좋지만 노년의 사랑을 아름답게 갈무리하기에도 적당한 곳이라는 생각이 들었다.

일본영화 중에 노년의 사랑을 아름답게 묘사한 영화로는 사나다 아츠시 감독의 〈호노카아 보이〉와 이누도 잇신 감독의 〈금발의 초원〉을 들 수 있다. 〈호노카아 보이〉는 우리나라에서 〈하와이안 레시피〉라는 제목으로 개봉되었는데 일본 영화이지만 하와이를 배경으로 한 영화이다.

여자친구(아오이 유우 분)에게 채여서 실연을 한 레오(오카다 마사키 분)는 하와이의 빅 아일랜드에 있는 '호노카아(Honokaa)'란 작은 마을에 들어가 아르바이트를 하며 살아간다. 어느 날 밀가루 포대를 배달하러

간 집에서 비(바이쇼 치에코 분)라는 이름의 할머니를 만나게 되는데 첫 만남부터 할머니는 심상찮은 포스를 보여준다. 레오가 냄비에 있는 생선찜을 몰래 맛보던 중, 할머니는 나무젓가락으로 만든 고무줄 총을 쏘면서 황야의 무법자처럼 홀연히 나타난다. "그 음식은 고양이 밥이야! 내일 다시 오면 밥을 만들어 줄게."

나는 비 할머니가 고무줄 총을 마치 건 스모크처럼 훅 부는 장면에서 쓰러졌는데 이 귀여운 할머니의 심상찮은 행동은 이뿐만이 아니다. 레오가 옆으로 뉜 TV를 보고 잘못 놓인 것 아니냐고 하자, 비 할머니는 냉큼 소파에 올라가 옆으로 누워서 TV 연속극을 보는 시범을 보여준다.
70대의 비 할머니는 어느새 20대 청년 레오에게 사랑을 느끼게 되는데, 이 노년의 사랑은 결코 추하지 않게 귀엽고 아름답게 그려진다. 서로 마주 보고 있는 이 층 방에 사는 두 사람이 종이컵으로 만든 전화기로 사랑(?)을 속삭이는 장면이나 비 할머니가 레오에게 보여주려고 새로 산 노란 원피스를 입은 채 밥을 먹고 있는 레오 앞을 왔다 갔다 하는 장면은 노년의 사랑도 사춘기의 사랑처럼 풋풋하고 설레는 사랑일 수 있음을 가슴 먹먹할 정도로 잘 전달해 준다. 심지어 레오의 새 여자친구 마리아(하세가와 준 분)에게 비 할머니가 질투하는 장면에서는 나 자신도 모르게 예쁘고 몸매 좋은 마리아보다 비 할머니를 마음속으로 응원하기도 했다. 블루 컬러의 곰돌이 빙수기나 음식 사진을 찍은 폴라로이드

사진 등 앤틱한 느낌을 주는 소품들을 요소요소에 넣은 것도 영화를 더욱 예쁘게 만들어 주었다.

이누도 잇신 감독의 〈금발의 초원〉은 또 다른 관점에서의 가슴 뭉클한 노년의 사랑을 보여준다.

나리스(이케와키 치즈루 분)는 노인 생활도우미로 80대 노인 닛포리의 집에 들어간다. 심장병을 앓고 있는 닛포리 노인은 일시적 기억상실 탓에 자신을 젊은 청년이라고 믿고 있다. 닛포리는 나리스를 보자마자 젊은 시절 자신이 '마돈나'라고 부르던 첫사랑으로 착각한다. 닛포리는 나리스에게 청혼을 하게 되고 나리스는 이를 받아들인다.
"그건 사랑이 아니고 동정"이라고 충고하는 친구에게 나리스는 외친다.
"동정으로 결혼하면 안 돼?"

이누도 잇신 감독은 처음부터 끝까지 닛포리의 늙은 모습은 철저히 감춘 채 젊고 잘 생긴 20대 청년으로서의 닛포리 모습만을 보여준다. 아마도 노인 닛포리의 모습이 노출될 경우 보는 사람들이 20대와 80대의 사랑에 자칫 추하다는 선입견을 가질까 봐 세심하게 배려한 것으로 보인다. 두 영화를 보고 나서 그로테스크하다는 느낌보다 노년의 사랑도 저렇게 아름다울 수 있구나 하고 감동받을 수 있는 것은 두 편 모두 육체적 사랑이 아닌 감성적 사랑을 다루었기 때문이라고 생각된다.

코이데 미시타이나

산쿄우 호텔 뒤편에는 오래된 책이나 음반들을 싼값에 파는 헌책 가게가 하나 있었는데, 이 헌책 가게 앞을 지나칠 때마다 오키나와를 떠나기 전에 한번은 꼭 들러서 사진집이나 CD를 사려고 마음먹고 있었다. 저녁을 먹기에는 아직 시간이 일렀으므로 나는 이 헌책 가게에 들렀다. 말이 헌책 가게지 오래된 책은 물론 온갖 희귀한 잡동사니들이 빼곡히 들어차 있어서 숨겨진 보물창고나 다름없다. 마침 철 지난 사진집이나 CD들을 밖에 내놓고 '격안(파격) 가격 – 100엔'에 팔고 있어서 난 가게 밖에 쭈그리고 앉아서 보물찾기하듯 열심히 책들을 뒤지기 시작했다.

잠시 후 길을 지나던 한 남자가 이 보물찾기에 합세하였는데, 이제는 묘한 경쟁심까지 생겨서 혹시나 저 사람이 나보다 먼저 보물을 캐가는 것이 아닐까 조바심까지 내며 먼지 나는 책들을 이리저리 들췄다. 땀까지 뻘뻘 흘리며 한참을 고른 끝에 히에스에 료코의 데뷔 시절 사진집을 100엔에, 그리고 추억의 그룹인 안전지대의 오래된 싱글 앨범을 30엔이라는 그야말로 파격적인 가격에 구할 수 있었다.

계산하러 가게 안으로 들어가 보았더니 가게 안은 더 장관이었다. 희귀한 레코드판이나 CD는 물론 오래된 성냥갑이나 자명종, 철인 로봇

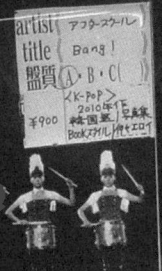

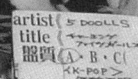

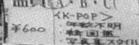

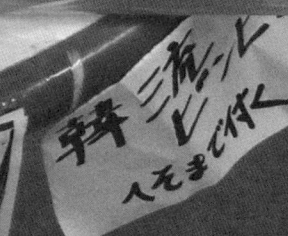

28호 같은 장난감들이 비좁은 가게 안을 잔뜩 메우고 있었다. 한쪽 켠으로는 소녀시대, 애프터 스쿨, 미스 에이 등 한국 걸 그룹들의 음반을 파는 K-POP 코너도 눈에 띄었다.

난 오키나와 출신 밴드인 BEGIN의 앨범을 추가로 구입한 후 헌책방을 나왔다. BEGIN은 오키나와를 배경으로 한 영화 〈눈물이 주룩주룩〉의 테마곡인 '나다 소우소우'는 물론, '카리유시의 밤' 등 향토색 짙은 음악으로 오키나와 젊은이들의 많은 사랑을 받은 밴드이다. 내가 고른 CD에는 '코이시쿠테(그리워서)'라는 곡이 들어 있었는데 이 곡은 이시가키지마를 배경으로 한 영화 〈그리워서〉의 테마곡이기도 하다.

그리워서 울어버렸어
지나간 날들은 이미 잊어 버렸어
지금 와서 다시 돌아갈 수는 없어
서로 상처 주었던 날들이 너무 길었던 걸
돌아갈 생각은 없다는 거짓말을 하면서 웃고 있어도
믿고 있었어 다시 한 번
다시 한 번 그때의 꿈속으로
뻔히 보이는 거짓말 좋아한다면 좋아한다고
말했더라면 좋았을 걸

- '코이시쿠테(그리워서)' / BEGIN

이시가키지마 고교생들이 히라구보 등대가 있는 언덕을 배경으로 연주하던 영화 〈그리워서〉처럼 오키나와 고교생들의 좌충우돌 밴드 결성기를 다룬 영화로는 〈체케랏쵸!〉가 있다.

〈꽃보다 남자〉에서 여주인공 츠쿠시로 나오는 이노우에 마오가 오키나와 지역번호를 단 밴드 '098'의 매니저로 나오는데, 이 영화에는 오키나와 전통의상이나 음악들이 잘 표현되고 있다. 영화 도입부에는 하와이 출신의 스모선수 고니시키가 오키나와 전통복장을 하고 300kg에 육박하는 자신의 몸에 비하면 파리채처럼 보이는 샤미센을 들고 연주하는 재미있는 장면도 나온다. 고니시키는 당시 외국인 출신 요코즈나를 거부하던 일본 스모계의 관행에 의해서 2위인 오제키까지 오른 왕년의 스모 스타인데, 은퇴 후에는 CF 활동은 물론 음반까지 낸 실력파 가수이기도 하다.

〈체케랏쵸!〉에서는 고니시키의 출중한 랩 실력도 들을 수 있다. '나다 소우소우'를 부른 오키나와 출신가수 나츠가와 리미와 함께 공연한 동영상을 본 적이 있는데 그 엄청난 몸에도 율동에 맞춰 춤을 추며(물론 앉아서) 오키나와 노동요인 '아사토야 윤타'를 부르던 귀여운 모습이 눈에 선하다.

어둑어둑해 질 무렵 오키나와에서의 마지막 밤을 보내기 위해 고쿠사이 도리로 나왔다. 누구나 마찬가지겠지만 여행의 마지막 밤에는 조금은 멜랑콜리 한 감정을 느끼게 되는 것 같다.

"내가 없는 내일 밤에도 이곳은 남국의 낭만을 즐기려는 사람들로 변함없이 붐비겠지!"

괜스레 지나가는 연인들의 행복한 표정들이 눈에 거슬리기까지 했다. 영화 〈로맨틱 아일랜드〉는 SES 출신 유진과 이민기, 이선균과 이수경이 아름다운 섬 보라카이를 배경으로 서로 인연을 맺어 가는 과정을 그리고 있는데, 오키나와 역시 선남선녀들의 인연이 맺어지는 '로맨틱 아일랜드' 임이 분명해 보였다.

저녁을 먹고 난 후에도 나는 숙소로 들어가지 않고 네온사인이 휘황찬란하게 빛나는 고쿠사이도리를 길 잃은 아이처럼 배회하고 있었다. 고쿠사이도리 메인로드를 입구인 현청 앞에서부터 출구인 마키시역까지 왕복으로 두 번이나 걸었을까?

대형 과자점인 어과자 어전 앞을 지나는데 **'스트로베리 케이크 - 특가 350엔'** 이라는 문구가 내 눈길을 잡아끌었다. 딸기가 올려진 케이크 한 쪽을 들고 가게 앞 테라스에 나와 앉았다. 짐짓 여유로운 척했지만 자꾸 외로움이 밀려드는 것을 막을 수는 없었다.

영화 〈스트로베리 쇼트 케이크〉에는 〈금발의 초원〉 〈조제 호랑이 그리고 물고기들〉의 여주인공인 이케와키 치즈루가 나온다. 첫 장면부터 이케와키 치즈루는 로커인 남자친구에게 비참하게 차이는데, 채인 후에도 코피를 스윽 문지르며 무심히 하늘을 바라보며 하던 이케와키 치즈루의 대사가 무척 기억에 남던 영화였다. 나는 오키나와의 밤하늘을 바라보며, 이케와키 치즈루의 극 중 대사를 중얼거려 보았다.

"코이데 미시타이나! (연애하고 싶어!)"

마지막 날: 여덟째 날의 아침

"매미는 보통 7일을 사는데, 8일째에도 살아있는 매미는 행복할까 불행할까?"
"8일을 사는 매미는 다른 매미들이 보지 못했던 걸 볼 수 있잖아. 그게 무척 예쁜 걸지도 모르잖아."
- 영화 〈8일째 매미〉 중에서

영화 〈8일째 매미〉는 작가 가쿠다 미쓰요의 동명 소설을 나루시마 이즈루 감독이 영화화한 작품이다.

불륜의 상대인 유부남의 감언이설에 속아 아이를 낙태하게 된 키와코(나가사쿠 히로미 분)는 충동적으로 남자의 부인이 낳은 아기를 안고 사라져 버린다. 4년이 지난 후 키와코는 경찰에 체포되고 납치되었던 아이는 엄마와 아빠 품으로 돌아온다. 하지만 아이는 자신을 납치한 엄마를 찾아 집을 도망 나오기도 하고, 또 진짜 엄마가 불러주는 '반짝반짝 작은 별'이 가짜 엄마가 불러주던 별 노래와 다르다고 해서 진짜 엄마를 분노케 하기도 한다. 세월이 흘러 성인이 된 아이는 납치의 충격에서 벗어나지 못한 채 부인이 있는 남자와 관계를 가져 임신하게 된다. 악순환의 고리를 끊고자 에리나(이노우에 마오분)는 낙태를 결심하게 되지만 자신이 납치되어 키와코와 함께 살았던 섬을 방문한 후 자신을 납치한 가짜엄마를 마음속으로 용서한다. 결국 에리나는 트라우마로 존재하던 납치의 기억을 떨쳐 버리고 아이를 낳기로 결심한다.

영화 〈8일째 매미〉는 섬뜩한 주제로 인해 보는 내내 마음이 편치 않은 영화이다. 하지만 자신을 배신한 남자의 아이를 납치해서 자신의 아이보다 더 애정을 쏟는 키와코 역의 나가사쿠 히로미의 절절한 연기가 오래도록 뇌리에 남는 무게감 있는 영화임에는 분명하다. 보고 나서 둔기로 머리를 세게 맞은 것 같은 충격에 빠져 한참 동안 멍하니 정신 줄을 놓고 있던 영화이기도 하다. TV 드라마로도 제작되었지만 개인적으로는 영화가 훨씬 더 완성도나 몰입도 측면에서 뛰어나다고 생각한다.
키와코 역의 나가사쿠 히로미는 〈타인의 섹스를 비웃지 마라〉 〈겁쟁이라도 슬픈 사랑을 보여줘〉 같은 영화에 출연한 중견배우이다. 일본의 원조 아이돌 그룹 중의 하나인 '리본' 출신이기도 한 점이 이채롭다.
어릴 적에 납치되어 트라우마를 겪는 에리나(납치되어서는 '카오루' 라는 또 다른 이름을 가진다) 역의 이노우에 마오는 〈꽃보다 남자〉의 히로인 츠쿠시 역으로 유명한 톱스타이다. 영화 〈체케랏쵸!〉에서도 여주인공

역을 맡았다. 개인적으로는 어린 에리나가 진짜 엄마가 화를 낼 때 두려움에 떨면서 "오카짱 고멘나사이! 고멘나사이! (엄마, 잘못했어요!)"하고 잘못을 빌던 장면이 가장 기억에 남는다.

제목인 '8일째 매미'에 대한 이야기는 영화 중간쯤에 나오는데 에리나와 그녀의 어릴 적 친구인 지사구(코이케 에이코 분)와의 대화 중에 상징적으로 언급된다.

"매미는 땅속에서 3년을 지내다가 지상에 나와서는 7일 만에 죽는대! 그런데 8일째가 되어서도 살아남는 매미가 있다면 7일을 사는 매미보다 행복할까? 불행할까?"
"아무도 없는 8일째를 맞는 매미가 더 불행하지 않을까? 그 외로움을 생각하면…."

영화가 엔딩을 맞을 즈음, 이들의 대화는 다음과 같이 비약된다.

"7일을 살고 죽는 매미보다 8일을 사는 매미가 불행하다고 했지? 하지만 8일을 사는 매미는 다른 매미들이 보지 못했던 것을 8일째에 볼 수 있지 않을까? 8일째 보게 되는 것이 무척 예쁜 걸지도 모르잖아?"

8일째 아침, 여행지에서 으레 그러하듯 아침 일찍 눈을 떴다.

일주일 일정으로 여행을 떠났다면 7일째 밤에 한국에 도착하는 것이 나을까 아니면 하루를 더 지나 8일째에 도착하는 것이 나을까? 나는 기꺼이 '8일째 매미'를 선택하기로 했다. 7일째 밤에 도착할 경우 여행의 마지막 날 밤 여행지에서 혼자 외로워하지 않아도 되겠지만 외로움을 견뎌내고 다시 8일째 아침을 맞으면 또 다른 예쁜 것을 보게 될 걸로 나는 믿고 싶었다. 나는 덤으로 주어진 8일 째의 아침을 미처 보지 못하고 지나쳤을 예쁜 것들을 찾아내기 위해 바지런을 떨 계획이었다. 마침 비행기 출발시간까지는 꽤 많은 시간이 남아있었으므로 나는 미리 꾸려놓은 짐을 호텔 카운터에 맡겨 두고는 작은 디카를 둘러메고 숙소를 나섰다.

이제는 제법 익숙해져서 눈을 감고도 지날 수 있을 것 같은 고쿠사이도리를 걸어나갔다. 메인 로드보다는 아직 잠에서 덜 깬 이면 길에서 새로운 것을 찾을 기회가 많을 것 같아서 첫째 날 잠깐 스쳐 지나갔던 우키지마도리 쪽으로 방향을 잡았다. 슬슬 활기를 찾아가는 고쿠사이도리와는 달리 우키지마도리는 아직도 깊은 잠에 빠져 있었다. 지난번에 군침만 삼키고 지나쳤던 예쁜 카메라 스트랩이 있던 가죽 수공예 점이 먼저 눈에 들어왔다. 찜해 놓았던 스트랩이 그대로 유리 진열장에 걸려 있었지만 공항 갈 모노레일 티켓값만 남은 주머니로는 어림 반 푼어치도 없었다. 저 앞쪽의 전봇대에 작은 전단지가 붙어 있어서 다가가 보았다.

黒猫を捜しています!!
3日ほど前から行方不明です

特徴：お腹の部分だけが白い
　　　ピンクのノミ取り首輪

見かけた方は902号室　金城までご連絡ください
TEL：090-3795-0267

- ご協力お願い致します -

"검은 고양이를 찾습니다! 3일 전에 집을 나가서 행방불명이 되었습니다. 특징은 아랫배 부분이 하얗고, 핑크색 목줄을 하고 있습니다. 협조 부탁드립니다!"

나는 혹시나 저 고양이가 핑크색 목줄이 창피해서 집을 나간 것은 아닐까 잠시 생각해 보았다. 어떤 집 대문 앞에 고장 난 체중계가 하나 버려져 있었다. 체중계 바늘은 78kg에서 멈춰 있었는데 아마도 체중이 늘어난 것에 화가 치민 집주인이 "체중계가 고장 났어!" 하며 내팽개친 것이 분명해 보였다. 바로 옆집 담벼락에는 숟가락과 포크를 든 손이 그려진 나무판이 놓여 있었는데 사진을 찍으며 사진 제목은 '이타다키마쓰!(잘 먹겠습니다!)'로 정해 보았다. 이왕이면 오키나와 방언을 써보고 싶어서 휴대하고 다니던 작은 오키나와 방언집을 꺼내 보았다.

"이타다키마쓰! ~ 구왓치 사비라!"

"잘 먹겠습니다!"는 오키나와 방언으로 "구왓치 사비라!"인 셈이었다. "간빠이!(건배!)"는 "카리 사비라!", 그리고 "안녕하십니까?"는 오키나와 방언으로 "멘소레!"

뒤늦게 오키나와 방언들을 소리 내어 발음해 보았지만 이제 별 소용이 없게 될 터였다. 나는 8일째에 보게 된 예쁜 것들을 가득 카메라에 담느라 해가 중천에 떠오를 때까지 고쿠사이도리 뒷골목을 이리저리 헤매고 다녔다.

고쿠사이도리에서 나하 국제공항까지는 모노레일인 유-레루로 일곱에서 여덟 정거장이었다. 마키시역에서는 여덟 정거장, 그리고 미에바시역에서는 일곱 정거장인 셈이다. 소요시간은 약 14~16분 정도여서 큰 짐만 없다면 굳이 택시를 탈 필요가 없을 정도였다.

나하 국제공항은 국내선과 국제선 터미널로 나뉘는데 모노레일 나하 국제공항역에 내리자마자 곧바로 국내선 터미널로 연결되어 있었다. 반면 국제선 터미널은 국내선 건물과 따로 떨어져 있어서 트렁크를 끌고 이동하기에는 꽤 힘들게끔 되어있는 구조였다. 건물도 국내선은 꽤 넓고 인프라가 잘 되어있는 반면 국제선은 오히려 시골 간이역 수준이었. 가고시마에서 오키나와로 올 때처럼 다시 배를 타고 가고시마나 오사카로 이동하고 싶었지만 빠듯한 일정에 다시 이틀을 소비할 수 없다는 점이 못내 아쉬움으로 다가왔다.

인천공항행 비행기를 기다리며 나는 오키나와에서의 일주일간의 소중한 추억들을 그리고 덤으로 8일째 아침에 본 예쁜 것들을 오래도록 기억하기로 작정했다.